子ど

ケアタウン総合研究所代表
高室成幸

しあわせ介護計画

人生100年時代の自分らしい「老後準備」

WAVE出版

はじめに

介護保険がスタートして20年以上が過ぎ、「介護」の本が書店に並ぶ光景が当たり前のようになりました。その多くは、次の3つに分類できます。親や配偶者の介護の体験談を書いた「介護奮戦系」、介護のノウハウを介護体験者や専門家が書いた「マニュアル系」、寝たきりや認知症、難病になった当事者の方が書いた「体験記・自伝系」です。

なぜか、「自分の介護生活への準備」をテーマにしたものは、雑誌の特集ではわずかにあっても単行本ではあまりありませんでした。

「自分が要介護になったときのことなんて、とても考えたくない」という人が多いからかもしれません。「親の介護で精一杯で、自分のことまで考える余裕もない」「自分の介護のことまで考えると億劫な気分になってしまう」。そんな人が大半だと思います。けれども実際は、自分の老いに対して、漠然とした不安が募りながらも、何から手をつけてよいかわからないのが正直なところではないでしょうか？

「人生１００年時代」といわれる今、待ったなしの時期にきています。

「ピンピンと元気で過ごして、あるときコロッと逝きたい」と将来の絵を描いている人がいるかもしれませんが、医療の進歩により一命をとりとめる確率が高くなっています。リハビリで元気に回復する人もいますし、要介護になってから10年以上生きる人も増えています。

「最後まで元気でポックリ逝く」ケースは、実は少ないのが現実なのです。80代では約3割、90代になれば約5割の人が、病気やケガ、そして老衰で数年間は要介護状態で過ごします。

では、あなたは自分が要介護状態になったら、どのように日々を送りますか？

これからは人口減少社会です。現在の3人で1人の高齢者を支える「騎馬戦型」から、20年後には1人が1人の高齢者を支える「肩車型」になります。経済成長率も鈍化し、国の税収も下がるでしょう。年金だってアテにできません。

先々のことを考えず、行き当たりばったりで、うまく自分の要介護生活が送れるでしょうか？　その答えは「NO」です。なぜなら、そのとき、あなたは自分の口で自分の希望を語れないかもしれないからです。自分なりの希望をなんらかの形で記録しておかないと、自分の意に介さない介護をされてしまう可能性があるからです。

この本は、親の介護について準備する本ではありません。みなさん自身がいずれやってくる介護生活をシミュレーションするためのヒントをたくさん盛り込みました。介護真っただ中の方にとっても参考になることでしょう。

私はこれまで20万人以上のケアマネジャーを対象にケアマネジメントの研修を行ってきました。そこで聞く苦労は「利用者の方の暮らしや介護への希望が掴めない」というものでした。まさにこの本がきっかけとなって、読者のみなさんが「しあわせ介護計画」を作ること、そしてそれをもとに家族や介護スタッフに自分の希望を示すことが当たり前になることが私の夢です。

読者のみなさんが幸せな介護生活を送るための一助になれば幸いです。

ケアタウン総合研究所代表　高室　成幸

目次

第2章 子どもに頼らないための9つの準備

【付録】マイケアノート……188

おわりに

※本書の内容は2020年3月現在の法令等に基づいて記載しています。
※SNSやインターネットサービスなどの名称は読みやすさを考慮して、できるだけカタカナで表記します。また、次の用語を略記します。
・「特別養護老人ホーム」→「特養」
・「老人保健施設」→「老健」

●本書の構成

第1章…「しあわせ介護計画」を立てる必要性、そして計画を立てることで人生がどんなふうに変わっていくのかを説明します。
第2章…老後や介護生活をいきいきと過ごすための準備を9つのカテゴリーごとに提案します。様々な提案の中から自分に合った備え方を考えてみましょう。
第3章…自宅で介護生活を送るうえで、最低限知っておきたい介護保険サービスを紹介します。
第4章…5つのモデルケースを基に「しあわせ介護」のシミュレーションプランを示します。
第5章…自分らしい身じまいの方法を考えます。

STAFF
ケアプラン監修……奥田亜由子（ふくしの人づくり研究所）
執筆協力…………臼井美伸（ペンギン企画室）
デザイン…………池田和子
イラスト…………霜田あゆ美
DTP………………野中 賢（システムタンク）

第1章

しあわせ介護は準備で決まる

介護は誰にでもやってくる

●自分の「要介護生活」を考えたことがありますか？

50歳を過ぎた頃から、老後の生活について具体的に考え始める人は多いと思います。

自然豊かな場所に引っ越して、のんびり暮らしたい。
趣味のゴルフや絵画をもっと極めたい。
ゆっくり旅行を楽しみたい。
故郷に戻って、地元で何か地域貢献したい。
そば打ちの達人にでもなって、お店を始めたい、などなど……。

けれど、自分が「要介護生活」になったときのことを考えたことはありますか？
「親の介護のことは心配だけれど、自分が介護される側になることなんてまだ考えられない」、そんな方も多いでしょう。

それに、誰しも楽しい将来のことは考えたいけれど、将来起きるかどうかわからない〝怖いこと〟について、考えたくはないものです。

しかし、今や「起きるかどうかわからない」などとのんきに構えていられる時代ではなくなりました。なぜなら平均寿命が延び続けているからです。

現在、男性の平均寿命は81・25歳、女性の平均寿命は87・32歳となっています（厚生労働省「平成30年簡易生命表」２０１８年）。この平均寿命は、赤ちゃんのとき亡くなった方なども含めた数字なので、この本を読んでいるようなみなさんは、おそらく現在の平均寿命より長く生きるのではないでしょうか。

それに比べて「健康寿命」、つまり「健康上の問題で、日常生活が制限されることなく生活できる年齢」は、男性で72・14歳、女性で74・79歳（厚生労働省「国民生活基礎調査」２０１６年）とされています。調査の年度が違っているので正確にはいえませんが、だいたい男性なら9年間、女性なら13年間は、何らかのサポートを受けなくては生活できないということになります。

●ピンピン、コロリは難しい

最後まで元気でいてぽっくり逝く、いわゆる「ピンピン、コロリ」が理想という人は多いでしょう。でも現実は、なかなかそんなふうにはいきません。多くの人は70歳半ばくらいからあちこち悪いところが出てきます。

しかし、医学が発達しているので、治療や介護が必要な状態でも、長く生き延びることができているのです。

私の母は、75歳のとき、脳梗塞になって病院に運ばれました。「いよいよ来たか」と覚悟をしましたが、開頭手術をして無事に回復しました。5年後に大腸がんになり、人工肛門となりましたが、毎日1時間近くも散歩できるほどによくなりました。その後も、大腿部頸部骨折で手術入院するなど、アクシデントはありましたが、リハビリに励んだ結果、94歳になった今も元気で散歩を楽しんでいます。

脳卒中で倒れて病院に運ばれても、今は緊急手術をすれば助かる可能性が高い時代です。リハビリも充実しているので、また自宅での生活に戻ることができます。ただし完治することは難しく、要介護1～2とか、体が不自由な状態で生活することになります。それからが長いのです。

いまや誰もが、いずれやってくる「要介護生活」を覚悟しておかなければなりません。実際に、70代で5％くらい、90代では約半分の方が、要介護生活になっています。施設には、100歳以上の入居者も珍しくありません。施設内では、栄養のある食事、適度な体操やレクリエーションなどのプログラム、入浴等のサービスを受け、良好な生活環境の中で過ごすことができます。医療体制も整っているので、長生きすることができます。あり余るほど時間があるということです。

●「なんとかなるさ」の世代

元々日本人は、いつも「万が一」を考えながら生活する人たちでした。農業や漁業は、天候に大きく左右されます。いつ天災が起こるかわからないので、ちゃんとした家を建てる人が少なかったのです。

何かあったらすぐ逃げられるように、物をたくさん持たず、いつでも声をかけ合って助け合える長屋住まいで暮らしていました。

その意識が、高度成長を続けていく中でかなり変わってきました。世の中が豊かになっていくのを見てきた50~60代には、「暮らしはだんだん良くなっていく」という右肩上がり神話が刷り込まれています。

現役の頃にバブルが崩壊し、全国でリストラの嵐が吹き荒れました。それでもなんとかやってこれてきたので「なんとかなるさ」という意識が、知らず知らずに染みついています。実際、なんとかなってきたからです。それに比べて今の若い人たちは冷静で、希望的観測で行動したりはしません。お金に対する意識も慎重です。

贅沢を経験した私たちは、「なんとかなるさ」のままで長い老後を乗り切れるのでしょうか。

●子どもたちに頼れるのか

明治・大正の大家族時代のお年寄りは、60歳になったら家督を譲り隠居して、同居している子どもたちの世話になることができました。

それが核家族化が進むにしたがって、親と同居する家が減りました。介護生活になっても、子どもたちは遠くに住んでいるから世話してもらえないケースが増えています。

それでも団塊世代はきょうだいの数が多いので、みんなで協力して介護をすることもできました。「長男でないから介護の苦労をせずに済んだ」という人も多かったでしょう。しかし今は、二人きょうだいは当たり前。一人っ子も増えています。夫婦二人で四人の親の介護をする、というケースも珍しくありません。

一般的に子どもは、親からお金をもらうのは当然と思っています。自分の子どもにはお金をかけても、親にお金をかけるという意識はあまりありません。

また、親に何かしてもらうときはきょうだい平等を求めますが、自分がする側に回ったとたん、きょうだいの順番にこだわりがちです。

「お兄ちゃんがこれだけもらったから、私もこれだけもらいたい」といった主張はしても、いざ話が介護となると、「お兄ちゃんだから、やるのが当たり前でしょ」といって逃げるというのは、よくある話です。

ましてや息子の嫁が自分の面倒をみてくれるかと言うと、今の時代、女性も働いているケースが多いので現実的といえません。内閣府の調査でも、介護者に占める「子の配偶者」の割合が、いまや1・9％にまで低下したと示しています（「高齢者の健康に関する意識調査」２０１７年）。

そもそも、いまの20～30代は経済的にも余裕がない世代です。正規職員ではない人も、結婚しない人も増えています。

「もう子育ては終わって、これからは面倒をみてもらえると思っていたのに、いつまでも子どもが自立してくれない」という家庭も、珍しくありません。

自分の将来にちゃんとしたプランがないと、なんとなくずるずると子どものためにお金を使ってしまって、「気づけば自分の老後資金がない」ということになりかねません。

自分の老後については自分で前もって考えておいて、子どもたちに示しておくことが大切なのです。

●介護状態になってからでは遅い

「要介護状態になってからのことは、あまり考えたくない。そのときになってから考える」という人が多いでしょう。

もちろん、そのときになってから考えても、自分の介護度に応じて、様々な介護保険サービスを利用しながら暮らすことはできます。

しかし本当に「自分が選んだ生活」ができるかというと、それは疑問です。

ある日突然倒れて、その日から要介護状態が始まることだってあります。不自由な体で、新しい介護生活の準備を進めるのは大変です。どうしても人任せ・子ども任せになることが多いでしょう。

介護サービスにはどんな選択肢があるのか、その身になって一から勉強するのは大変です。たとえ知識があっても、症状によっては自分の言いたいことをちゃんと伝えられなくなる可能性も十分あります。家族はあなたがどうしてほしいのかわからず、右往左往……。

ほかにも、元気なうちに準備しておかないといけない理由がたくさんあります。それを、これからご説明しましょう。

自分らしく生き抜くために

●勝手に人生を決められるという苦痛

介護を受けながら生活するというのは、自分でなんでも自由にできる生活とは全く違うものです。何かをするたびに、他人の助けを借りなくてはなりません。

何も準備していないと、いざ要介護になったときに「周囲の都合で自分の人生を決められてしまう」可能性があります。

どこに住んで、どのような暮らしをするのか。毎日どんなスケジュールで過ごすのか。どんな料理が食べたいか。自分の好きなように暮らしをデザインすることができないとしたら、どうでしょう？　それは、大変な苦痛です。

「子どもに任せれば、大丈夫だろう」と思っている人もいるでしょう。

しかし、案外子どもは親のことを知りません。

実は私自身もそうでした。自分の母親のことをどれだけ知っているかというと、実際は親としての姿しか見てきていないので、幼少期からの生活歴や、食や服の好み、こだわりなどが、ぼんやりとしか浮かびませんでした。

そこで、実家に帰省した際に、試しにいろいろと質問してみたことがありました。

「苦手な食べ物ってあるの？」

「なんもないで。なんでも食べるで」

「えらいな。そうやったら魚は刺身と焼き魚とどっちがええのん？」と問いかけると

「煮干しとか干物とかはあかんなぁ（笑）。嫌いなんや」とのこと。これは初耳でした。

たとえば、あなたが施設に入所することになったとします。自分の暮らし方や暮らす場所を、自分のことをよく知っていない子どもたちに勝手に決められてしまったら、どうでしょうか。仕方がないと自分に言い聞かせ、子どもの言いなりになりますか？

かといって文句を言うと、「面倒がられるのでは」という不安も生じます。

「忙しい中でせっかくいいところを探してあげたのに、お母さんってわがまま」

「お父さん、自分の立場わかってんの？」などと言われるかも……と自分の子でありながらあれこれと考え出すと縮こまってしまいます。

そもそも要介護状態になってからどんなふうに暮らせるのかイメージできていないと、自分の要望を伝えることもできません。介護される側が、「自分はこうしたいんだ」と明確に主張しないと、介護する家族の都合や思い込みや決めつけで、何でも決められてしまうことになるかもしれません。

みなさんは、不満だらけの要介護生活が始まってもいいですか。

●効率性を重視する現場

介護保険制度がスタートしたのは、今から20年前です。その間にサービス利用者は3倍にも増加しています。今後はさらに増えていくでしょう。

２０２５年には、日本では65歳以上の高齢者が、人口の３割を超えるといわれています。認知症高齢者は７００万人にのぼると予測され、経済産業省の試算によると、介護に携わるスタッフは、さらに43万人増やさないといけないといわれています。

このような状況が続くと、介護現場では個別性を重視している余裕はなくなり、効率性ばかりを追求する方向に進むのではないか、と危惧されます。

さらに、介護する側は介護事故を恐れ、安全を最優先するがゆえに、リスクを取らなくなる傾向も生まれます。何か事故があったら困るので、本人が「リハビリのために自分で歩いていきたい」と言っても、「車椅子で行きましょう」と言われたりします。そうすると、本人がチャレンジする機会を奪ってしまうことになります。

それに外部の介護スタッフは、家族よりももっとあなたのことを知りません。

個人に合った介護をしようと努力してくれるスタッフもたくさんいますが、残念ながら、全員がそのようにケアしてくれるとは限りません。最悪の場合、合理性重視のワンパターン化された生活を送ることになる可能性もあるということです。

どんな生活が幸せか、という問いの答えは、あなたの中にしかありません。みんなに共通するマニュアルはないのです。だからこそ、それをわかりやすく伝えることが重要です。

●「退屈」という苦痛

要介護になってから、誰もが直面する大きな問題があります。どんな制度でもカバーできない、ほかの人では絶対に解決できない問題です。何だかわかりますか。

それは「退屈」です。

要介護の人に「何がつらいですか？」と聞くと、「やることがない」「ヒマでヒマで……」という答えを返す人がいます。とくに、介助が必要になってから暮らす施設ではなおさらです。

もちろん、ゴルフやテニスといったスポーツは続けられません。運転して出かけることもできません。介助者がいないと、自由に外出もできません。お酒も飲めなくなるかもしれません。

週3回は、訪問介護でヘルパーさんが来てくれて、世話をしてくれ少し話し相手になってくれるとします。ではそのほかの時間、何をして過ごしますか？

一日がものすごく長く感じるでしょう。何度も時計を見て「食事はまだかな」と考えながら過ごす……。そんな生活が、あなたの身に3〜10年と続くかもしれないのです。

昭和30〜50年代のお年寄りの日常は、それが普通でした。時間の流れがゆっくりだったので、毎日をのんびり過ごすことが、それほど苦痛ではなかったかもしれません。

しかし今の私たちは、スピードの速い世の中で「リア充」な生活を送ることに慣れています。「何もすることがない毎日」を、ストレスに感じる可能性は大きいでしょう。

「老後に備える」というと、住み替えやリフォームのことなど、外側のことばかり考えがちです。しかし内面の豊かさについて考えておくことは、同じくらい重要です。自由に動けなくなってからの毎日をどう過ごすのか。今のうちに考えておかないと、後悔することになります。そして元気な今だからこそ、準備できることがあるのです。

何よりも大事なのは、あなたの暮らしを充実させるためのプランは、あなたでないと作れないということです。

●時間という資産を有効に使う

要介護状態になると、失うことばかりではありません。「時間」という資産が圧倒的に増えます。これを使わない手はありません。

今までは、朝から晩まで働くことで、時間を奪われてきました。

子育てのために、自分がやりたいことを我慢したり犠牲にしてきました。

ときには「時間」をつくる（得る）ために、電車移動を飛行機移動にするとか、多めの出費をかけてきたはずです。

それが、要介護状態になれば、あり余るほどの時間が生まれます。

その時間をどう使うか、今のうちに考えて準備しておくことが、要介護となったあなたの人生を豊かにします。

新しい知人・友人などを増やす、一人で楽しめる趣味、ネットでも楽しめる趣味を始めるなど、将来のためにやっておくことが、〝今〟を楽しむことにもつながります。

「人生50年時代」と比較すると、人生の時間はかなり延長されました。せっかくもらった時間ですから、楽しくイキイキと過ごしたいものです。

時間があることが、楽しくなるような計画をシミュレーションしておきましょう。

●動けなくても「リア充」な生活はできる

山形県の武久明雄さん（61歳）は、18年前、秋田県まで足を延ばし、趣味の川釣りを楽しんでいる最中に脳幹出血を発症し、病院に運ばれました。9カ月後退院しましたが四肢麻痺となり、寝たきり生活を余儀なくされ要介護5と認定されました。

それまで武久さんは、バリバリの仕事人間でした。オフの時間も釣りに草野球にと、人一倍アクティブに人生を楽しんできました。それがある日突然、動けない生活になったのです。

「とにかくヒマがつらかった」と、武久さんは当時を振り返ります。一日がものすごく長く、時間を持て余してしまいます。その時間を使ってリハビリに励みましたが、しばらくして理学療法士からこれ以上の回復はのぞめないと告げられ、ずいぶん長い間落ち込んだそうです。

しかし今の武久さんは、元気な人と同じくらい「リア充」な毎日を送っています。介護用リフトや福祉車両などのモニターになったり（体が大きいので重宝がられるそう）、中学校などで講話をして自分の経験を話したり。唯一動く左手でPCを操作し、詩を書いたりしています。

何よりも武久さんの生活を活気づけているのは、SNSです。自分の介護生活のことをフェイスブックやブログで発信するようになってから、毎日が充実してきたといいます。全国から、顔も知らないような人たちが自分の投稿にリアクションしてくれるようになったのです。今では武久さんのフォロワーは、1100人にのぼっています。

もしあなたが武久さんだったら……？　ある日突然動けなくなった自分を想像してみてください。そこには膨大な喪失感と茫漠《ぼうばく》たる退屈地獄が、待っています。一日中、テレビを見ているだけ、なんてつらいですよね。

武久さんを見習って、毎日を充実させましょう。


たとえば好きな本や映画、テレビ番組の評論を、ＳＮＳで発信してみるのはどうでしょう？　ＳＮＳ上で愛好会を作って、グループトークを楽しんだり、オフ会を開いたり。できる範囲でかまいません。一歩踏み出してみるだけで、世界が違って見えてくるかもしれません。

それに、今後は65歳以上の人たちが消費者の主流になるのですから、高齢者向けの新しい文化や商品が次々に生まれ、さらに高齢者が楽しめる社会になっていくことは間違いありません。

●老後資金計画のワナ

お金のことも、もちろん考えておかなくてはなりません。

「老後は公的年金以外に２０００万円が必要」と財務省がはじき出した試算結果は、慌てて打ち消されてしまいましたが、私たちの記憶には鮮明に残っています。

働けなければ、基本的には毎月の年金と蓄えだけで、暮らしていかなければなりません。本当にやっていけるのか試算するためには、まず現在の毎月の生活費はいくらかかっているのか、貯蓄はいくらあるのかを、正確に把握する必要があります。

しかし「家のお金」が今どうなっているか、ちゃんと把握している人は意外と少ないのではないでしょうか。「家計を全て配偶者に任せていたら、いつの間にか貯蓄が減っていて驚いた」……という話も聞きます。

家計のことは配偶者任せにするのではなく、今のうちに夫婦でちゃんと話し合いをしておきましょう。そして年金生活になったときのシミュレーションをしておけば、「これくらいの生活サイズでやっていけばいいんだ」と予測がつき、安心できます。

とはいえ、「何歳まで生きるかわからないから、心配し始めたらキリがない」と思う人もいるでしょう。だからといって考えることをやめてしまったら、後々大変なことになりかねません。

キリがないからこそ、お金に頼りすぎない計画も必要です。

介護を自分でデザインする

●子どもに頼りすぎない要介護生活

この本のタイトルは「子どもに頼らない」としていますが、実際、「老後は子どもに頼れない・頼りたくない」と思っている人も多いでしょう。

しかし、私は「子どもに全く頼らない」と決めてしまう、ましてや宣言などはしないほうがよいと考えます。

「頼ってほしい」「面倒をみたい」と思う子どももいるかもしれません。あるいは「どうせ困ったら頼ってくるのに」と余計に不満を募らせてしまうかもしれません。

親としてのメンツから、「子どもには絶対弱みを見せたくない」と居直る人もいるかもしれません。でも、親子関係では親が先に白旗を上げることでうまくいく場合もあります。弱みを見せる、頼りたいと伝えることで、関係が深くなることもあります。

たとえば、障がいがある人たちにとっての自立とは「人に頼らないで自分でできること」だけでなく、「頼れる人をつくることも自立である」と、自立への考え方が進化しています。介護の考え方も同じではないでしょうか。

とはいえ、何でもかんでも頼るという丸投げ姿勢でいてはいけません。「全て頼る」のではなく「部分的に頼る、上手に頼る」と発想を変えましょう。

次のような頼り方は最悪です。くれぐれも注意しましょう。

・放り出し

「私はよくわからないから、あなたが調べて」と子どもに寄り掛かるような頼み方。子どもたちはまずは介護サービスの本を読んで勉強するところから始めなくてはなりません。自分のことですから、最低限のことは自分で調べ、何をお願いしたいのかを整理しておきましょう。

・受け身

自分の意思がないのも困ります。「決めてくれれば、言うとおりにするから」という受け身の姿勢は、子どもを困らせます。あなたがどんな生活を送りたいのかを、具体的に伝えないと子どもはわかりません。

・上から目線

「これまであなたにはだいぶお金をかけたんだから」「これまで育ててきてあげたんだから」「親の面倒はみるのが当然だろう」という恩着せ型は、嫌われます。

・相手の事情を考えない

仕事で忙しい、教育費でお金がないなど、子どもの方にも様々な事情があります。それを理解しようとせず、一方的に「助けてくれ」というのはよくありません。

経済的な部分などで、どうしても頼る場面が来ても、「いきなり頼る」のでは、子どもを困らせてしまいます。今のうちから、「できるだけ自分でやるけれど、こういうところは頼むね」「できる範囲でいいけど、いざというときは力を貸してくれると嬉しいな」と、前もって言っておくことです。相手も心づもりができ、準備もできるでしょう。

しかし、たとえ子どもにわずかでもお金を頼ってしまうと対等でなくなり、モノがいえなくなります。できれば子どもには、経済的なことよりも、日頃の交流や連絡などの面での支えを期待しましょう。話し相手になってもらったり、旅行に一緒に行ってもらう。そんな頼り方なら大いにしていいと思います。

親が自分の老後を考えて子どもに伝えておくことは、子どもにとっては将来の参考にもなるはずです。

子どもには部分的に頼る。でも負担はかけない。そういう方法を探しましょう。

●家族以外の「人」財産を増やす

評論家でNPO法人「高齢社会をよくする女性の会」の樋口恵子さんは、「これからはファミレス時代」だと言っています。レストランのファミレスではありません。ファミリーが「レス」の時代。人口構造が激変していて、子どもがいない、その先の孫がいない、姪や甥がいないなど、四親等以内の家族のいない人が増えていくというのです。

樋口さんは、「誰もが介護に直面する時代。いますぐ地域に『縁』をつくらなければ乗り切れない」と訴えます。

また、「たとえ家族がいても、頼れない」という人も増えています。

子どもたちが遠くに住んでいたり、共働きだったり、孫がまだ小さいといった場合にはなかなか頼れません。結婚したが子どもがいない、未婚の単身者も増えています。子どもに障害があったり、引きこもりというケースもあります。

家族以外に頼れる人を、積極的に探してつくっておく必要があります。
「そんな人はいないよ」というあなた、ちょっと周りを見渡してみてください。
いつも気軽に立ち話になるご近所さんはいませんか？　スポーツジムや地元のサークルで顔を合わせる友だち、コーヒーを飲むお店のマスターやなじみの店での常連さんなど、つながっている人がいるのではないでしょうか。「遠くの親戚より近くの他人」という言葉どおり、すぐそばに頼れる人がいるのは心強いことです。

日本人は、つい遠慮して「ＳＯＳ」を言えない人が多いものです。ところが「言ってくれれば助けるよ」という人は思った以上にいるものです。血縁や身内でないからこそ、かえってうまく付き合えることもあります。他人同士の方が素直に「つながりたい」と思えたりします。

ところが、幼なじみや中高の親友であっても、長い間連絡を取っていないと、いざ困ったときに突然連絡して「ちょっとお願いがあるんだけど……」というのは頼みづらいものです。ふだん何もないときからときどき声を交わして、ゆるやかなつながりをつくっておきましょう。「とくに用事はないけど声が聴きたくて」と言うと、意外と喜ばれます。さりげなく自分の境遇を伝えて、心配ごとがあったら相談しておくことです。

一方的に頼る関係だと、引け目を感じてしまいます。相手にとって「何か役に立つ自分でいる」ように心がけることが大切です。そして、「何かあったときには助け合おうね」と〝お互いさま〟の関係をつくっておくと安心です。

お金ではなく、「人」という財産を今のうちにためておきましょう。お金は使えばなくなりますが、人は縁を切らない限りなくなりません。生きている限り、努力次第で人脈は増えていきます。

人とつながること。関係を深めていくこと。〝お互いさま〟の関係をつくること。これらは増やせば増やすほど、安心材料が増します。

「人の資産」を増やしていくことが、あなたの老後を幸せにします。

●自己決定の大切さ

要介護認定で要介護者と認定されると、介護サービスを利用するために「ケアプラン」が作られます。ケアプランとは、利用者・家族の状態がアセスメントされ、心身と暮らしの改善と意向に合わせて作成される計画書のことです。詳しくは、第4章で説明します。

ケアプランを作るには、介護保険の制度やサービスの知識が必須です。煩雑な手間がかかるため、基本的にはケアマネジャーに作成してもらうことになりますが、実は自分や家族が作成することもできます。介護保険制度では、ケアマネジャーが利用者に代わってケアプラン作成を代行しているという考え方です。

ケアプランは、本人らしい暮らし、幸せな生活を支援するためのもの。本人の意思を尊重することが第一とされています。しかし現実は、必ずしもそうなっているとはいえません。残念ながらパターン化していたり、サービス主導になっていることもあります。一部では、利用者が支払える自己負担の金額を基準に作成されることもあります。

知識もなく、介護生活のシミュレーションもしていない人は、違和感があっても要望を伝えることができません。不満があっても、「サービスの内容がこうなっているなら仕方がない」とあきらめてしまっている人がほとんどです。

少なくとも、戦前・戦中生まれのようなお年寄りは、そうでした。でもこれからの団塊世代以降の人たちは、かなり違ってくるように感じます。消費者意識が高く、自分たちの要望や権利を主張することも得意です。

今後はますます「自己決定」が介護のキーワードになっていくでしょう。

●準備していないとこうなる

もしも何も準備していない状態で要介護状態になったら、どのようなことが起きるでしょうか。想像してみてください。

ある日突然、子どもたちは、親が倒れた知らせを受けて動揺します。

これからの親の介護をどうするのか……きょうだいで連絡を取り合って集まり、相談することになります。

まずは介護をしていく上で中心となる存在、「キーパーソン」を決める必要があります。介護を受ける本人の状態をよく理解して、本人に代わり様々な意見や要望を言うのは、誰が適任か。

「仕事を休めない」「遠くにいるからすぐには行けない」「まだ子どもが小さいから」……など、子どもたちにもそれぞれの事情があります。きょうだい間で、どうしようもない空気が流れます。自分が手を挙げたらやらなくちゃいけないかもしれない。

仮に長男・長女夫婦に任されるとします。そうするとまず介護関連の本を買って、介護保険やサービスについての勉強から始めることになります。地域包括支援センターなどにも相談に行くでしょう。

そこまでで、2週間から1カ月くらいかかるかもしれません。その間に夫婦間でもめたり、きょうだい間での調整がうまくいかず、疲弊してしまうかもしれません。きょうだいがいる人はまだいいでしょう。一人っ子だと、全てを一人で決定し、担わなくてはいけません。

親を支えたいと思っても、どうしたらいいのかわからない。お金があっても、お金を何に使っていいかわからない。わからない中で、「これでいいのかな？」と迷いながら手探りで進んでいくしかありません。

ようやくケアマネジャーが決まってサービスをお願いできる頃には、家族はヘトヘトになっています。

●準備していれば「もめごと」を減らせる

自分のせいで子どもたちがもめるようなことは絶対に避けたいと、親なら誰もが思うはずです。

だからこそ、準備が必要なのです。元気なうちに自分の介護計画を考えておくことで、そしてその内容をあらかじめ家族に伝えておくことで、残念な状況は避けられます。突然要介護状態になっても、配偶者や子どもたちが本人の意向をわかっていると、スムーズに手続きを始められ、要望も伝えやすくなります。

家族の中でキーパーソンになった人にありがちなのが、一人で悩みや介護を抱え込んで、精神的ストレスや肉体的疲労をためてしまうことです。介護と仕事の板ばさみになって、介護に専念するために仕事を辞める「介護離職」も増えています。

このような事態から家族を守るには、介護される側が、あらかじめ家族に頼みたいことを分野別に頼んだり、利用したい介護サービスを伝えたりしておくことです。

たとえばお金の管理や各所への手続きは長女に、入浴などの身体介護は配偶者と長男に、というふうに分担していれば、一人に負担が集中することがありません。

もし、「シモの世話は家族にしてほしくない、その関係の介護はプロに任せたい」「外部の人に介護は全てお願いするけれど、時々来て話し相手になってほしい」などの希望があるならば、それも伝えておくとあとで困りません。

頼りたいことを明確にしておくことで、子どものたちは事前に心構えや準備することができ、結果的に余計な気づかいや負担を減らすことができるのです。

●家族との関係づくり

家族に何らかの介護を頼む可能性がある場合は、今のうちから〝いい関係〟をつくっておくことも、大切な準備です。いい関係づくりをして、距離を縮めておきましょう。現在は、ＬＩＮＥなどを利用して無料でやりとりができる時代です。海の向こうにいる子どもたちとも気軽につながることができます。

親の方から声をかけて、積極的につながりをつくりましょう。用事があるときだけのやりとりだけでなく、こちらの何気ない日々の情報を、メールやＬＩＮＥに写真を交えながら送ってもいいと思います。

介護は、悪いことばかりではありません。介護がきっかけで家族関係が修復することもあります。疎遠だったきょうだい間の距離が、親の介護が始まったことで縮まることもあります。もめても結果的に仲直りして、前より関係が深まることもあります。

子どもに頼りたいのか、頼りたくないのか。子どもたちはどう思っているのか。少しずつ話題にすることで、親子の関係を客観的に見つめ直すことにもなります。

●「意思を伝える」ことはわがままではない

2019年、重い障がいがあるれいわ新選組の木村英子、船後靖彦両参院議員が、国会で初の質問に臨みました。当事者が国政の場に出ていくことで、国会内のバリアフリーが本格的に取り組まれるようになり、介助する人が同行することも認められました。障がいのある当事者が動くこと・発信することのインパクトは、非常に大きいものがあります。

要介護者となっても、自分の意思は自分で発信していく時代です。介護の現場でも、「こうしたい」という利用者の意思を尊重することが大きなテーマになっています。

自分の意思を伝えることは、けっしてわがままではありません。むしろ、介護保険制度の中で尊重されていることです。自分の人生を自分で決めるということ(自律)を、介護保険制度も応援しているということなのです。

●さあ、「しあわせ介護計画」を始めよう

私が本書で提案するのは、「人生100年時代」において、介護が必要になる段階、つまり人生の最終コーナーの2～10年間を幸せに過ごすための準備です。これらを「しあわせ介護計画」と呼ぶことにします。

では、しあわせ介護計画はいつから始めるべきでしょうか。繰り返しになりますが、「そのときになってから考えよう」では遅すぎます。元気なうちだから、余裕をもっていくつものパターンを考えられるのです。

リアルに介護状態になったら、正直、ほとんど「待った」が言えません。今のうちにシミュレーションしておきましょう。「Aパターンの場合はこうしよう」「Bパターンの場合はああしよう」と。

それができるのは、あなたしかいません。

誰しも、嫌なことは考えたくありません。自分だけはそんな状態になりたくない、あるいは、ならないだろうと思っているでしょう。

しかしいくら先延ばししたくても、かなりの確率でそれはやってきます。ならないための努力（介護予防、健康づくり）だけでなく、なったときの準備をしていた人の方

が、楽しい人生を送ることができるでしょう。お金をいくら準備していても、それだけではダメなのです。

「人生50年時代」から比べると、大幅な人生延長です。

要介護になって生まれた「あり余る時間」を、退屈に過ごすのでなく、生きがいを感じながら、楽しく生きなくてはもったいないと思いませんか。

上手に人に頼り、介護保険サービスや地域のサービスなどを利用しながら、自分らしい人生を生き切る。その方法を真剣に考える時期に来ているのです。

「幸せな介護生活」を送れるように、この本で、今のうちにシミュレーションしておきましょう。

コラム

「要介護状態」を体でシミュレーション

要介護状態を想像するといっても、どうしてもリアルには想像できないかもしれません。ならば、手っ取り早く、一度、その状態を体験してみてはいかがでしょうか。

家の中の危険な箇所も発見できるかもしれません。

「高齢者体験キット」は通販などでも手に入りますが、家にあるものでも、工夫して体験してみるのもよいでしょう。

シミュレーション例

- 目隠しして、トイレまで行けるか歩いてみる。目隠しが怖い場合は、眼鏡に色のついたセロファン紙を貼って歩いてみる。
- 利き手を縛って動かないようにして、日常の動作(例:料理、洗髪など)を行ってみる。
- 片足を縛って動かないようにして、日常の動作(例:トイレの立ち座りなど)を行ってみる。
- 耳栓をしたまま過ごしてみる。
- 釣り用のベストのポケットにたくさん重りを入れて過ごしてみる。
- 両足首に2〜3kgのおもりを巻いて過ごしてみる。

※危険がないように、必ず家族のいるところで行いましょう。

第2章

子どもに
頼らないための
9つの準備

❶ ひと

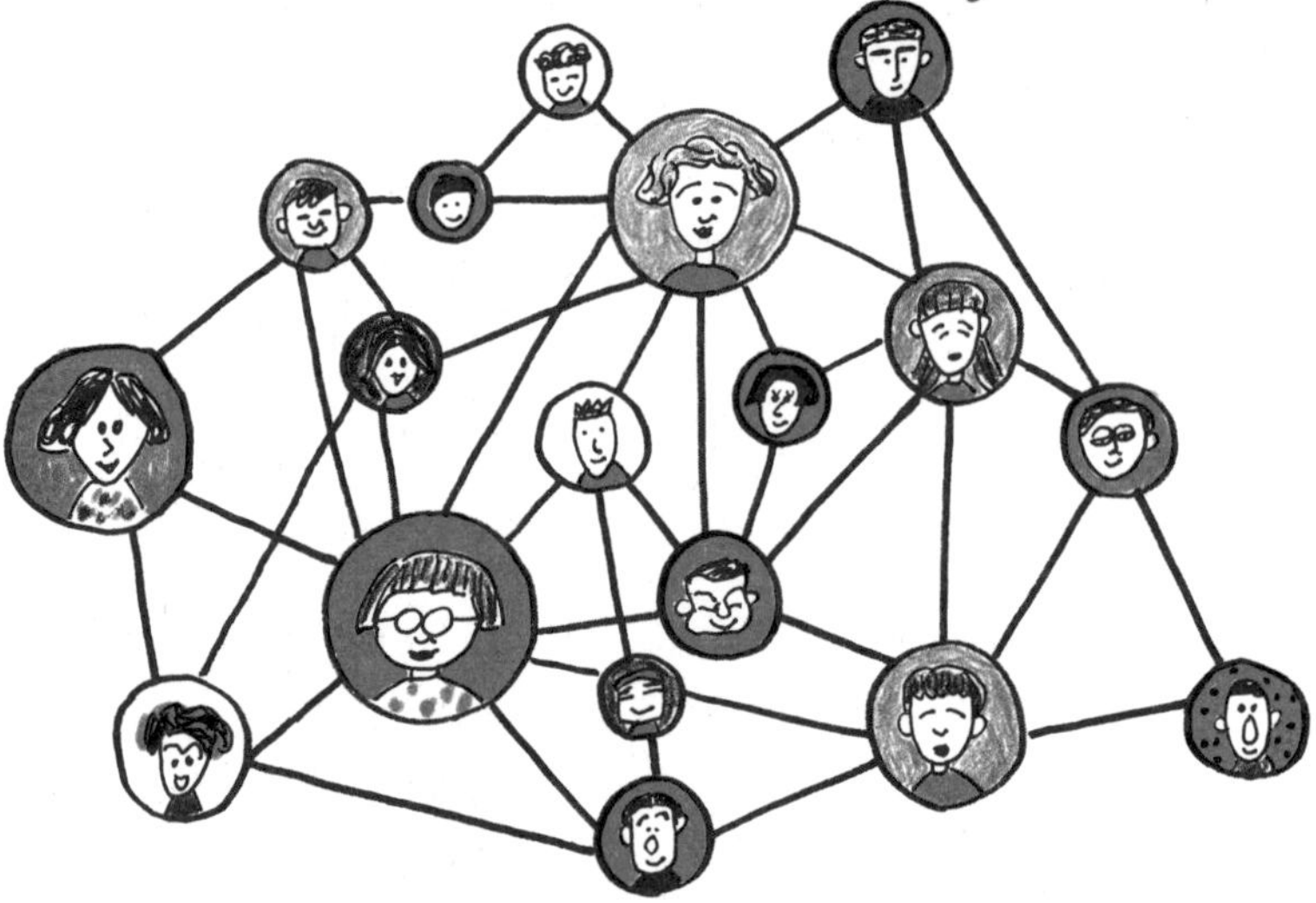

SNSでつながる・広がる

介護生活を豊かに楽しくするために、お金と同じくらい大切なのが「人脈」です。

高齢になると家にこもりがちですが、自らつながりを求めていかないと、人間関係が希薄になってしまいます。とくに男性は、定年と同時に人間関係が消失してしまい、孤立化する人も多いようです。

しかし今は、高齢者にはとてもいい時代になりました。スマホを皆が持つようになり、SNSでつながれるようになったからです。気軽に連絡ができますし、お互いに近況報告もできます。フェイスブックには、「お知り合いではないですか?」と紹介してくれる機能まであります。

人とつながっておけば、自宅や施設からSNSを使って会話ができます。思い出写真をシェアしたり、コメントしたりできます。こんなに楽しいことはありません。

【ひととのつながりを深めるのに役立つSNS】

LINE……個人同士で連絡を取るだけでなく、様々なLINEグループをつくって複数でもつながっておくと、便利で楽しいです。

フェイスブック、インスタグラム……友達申請やフォローをしましょう。「いいね」をしたりコメントを入れたりするのは、積極的に。自分も投稿することで、生活ぶりや趣味、食の好みを知ってもらえる機会になります。

●家族・親族とは集まる場でつながる

子どもや孫たちとも、日頃からいい関係づくりをしておくことが大切です。離れて暮らしている場合にはとくに、意識してつながりをもつように心がけましょう。

きょうだいや甥、姪、いとこといった親族にも、どんなことでお世話になるかわかりません。年賀状のやりとりだけでずっと疎遠だった身内に、急にお願いごとをするのは気が引けます。家族や親族で集まるのは法事くらいという人は、親の喜寿・卒寿の祝いなどの場にも積極的に交わり、関係を深めておきましょう。

家族や親族とのつながりを深めるには、ＬＩＮＥが役に立ちます。日々の何気ないできごとを発信し合えば、自分たちの状況を知ってもらえるので、次に会ったときにも会話が弾みますし、会食や旅行の計画を立てるのもスムーズになります。「いとこ会」などのＬＩＮＥグループをつくるのもおすすめです。

●ママ友・パパ友関係を復活させる

ママ友・パパ友は、自分たちも子どもたちも同じ世代なので、話す話題も多いはず。子どもたちのこれまでの成長を一緒に見守ってきたので、思い出話もたくさんできます。

仕事関係の人と違って上下関係がないので、気さくに付き合えるのがいいところ。ＬＩＮＥグループをつくって、久しぶりの「暑気払い」「忘年会」など自分から企画しましょう。

●地元に知り合いをつくる

行きつけの喫茶店のマスター、通っている美容院の担当の美容師、町内会の知り合い、同じマンションの理事会仲間などと、積極的につながるのもよいでしょう。地元のお祭りに協力したり参加すれば仲良くなるきっかけができます。外食するときはあえて同じ店に通って、「なじみのお客」になっておくのもいい方法です。お客同士も挨拶だけでなく何か会話を交わすように心がけると、距離を縮めることができます。

●仕事仲間は同期会で関係を続ける

退職すると、年賀状だけの付き合いになってしまいがち。そうならないように、ＳＮＳでの「ゆるやかなつながり」を大切にしましょう。同期会を定期的に開くのもいいことです。

気をつけたいのは、「○○の肩書があった」など過去の立場を引きずったままの態度をとらないこと。上下関係なく、個人同士でつながれる仲間を増やしたいものです。

●サークル・カルチャースクールでつながりづくり

サークルやカルチャースクールは、新しい知り合いや友だちをつくる格好の機会です。スポーツジムも、健康づくりを兼ねられるのでおすすめです。自治体が主催する市民講座や、公民館や図書館などでやっているカルチャースクールに参加するのもよいでしょう。

定期的に通うところをつくっておくと、セーフティネットの役割も果たします。「〇〇さん、近頃来ていないけれどどうしたんだろう?」と、気にしてくれる仲間は一つの見守り機能にもなります。

●ファンクラブだと一気に距離が縮まる

歌手、ミュージシャン、俳優、スポーツ選手、球団など、「同じ〇〇のファン」というだけで初対面でも一気に距離が縮まります。楽しみが共通しているので、年齢、立場、収入差、性差などの垣根を取っ払ってくれます。

自分が応援している人を、ツイッターやインスタグラム、フェイスブックで検索してみましょう。ファンの集いに顔を出す、一緒にコンサートに行く、旅行ツアーに参加する、LINEでグループトークをつくるなど、楽しみを増やせます。

●同窓会は幼少・青春時代を共有できる仲間

50~60代になると、急に小中高や大学などの同窓会の誘いが増えてきます。長年会っていない友だちでも、少し話をするだけで、すぐに打ち解けられるのがいいところです。年齢が同じなので悩みが共通している場合が多く、故郷や共通の知人のことなど、話題も尽きません。SNSのおかげで、昔の同級生を検索したり、呼びかけがしやすくなっています。同窓会という形にこだわらず、かつての仲良し数人で再会をするのもよいでしょう。

② 住まい

先を見越して住まいのカタチを整える

子どもが自立したり、親を看取ったのを機に、家をシニア生活向きにリフォームしたり、思い切って住み替えを考えてみるのもおすすめです。

住み替えるには、福祉サービスが充実している自治体への移住や、生まれ育った町に戻るなどの方法があります。生前整理として自宅を売却し現金に換えておくと、生活費の補充にもなりますし、相続税の財産分与にも役立ちます。

「要介護4くらいになるまでは自宅で頑張る」と決めて、ギリギリまで今の家に住み続けるという選択もあります。

引っ越しにはものの処分、荷造りなどにパワーが必要です。地域のコミュニティに溶け込むのに時間もかかります。移住するなら、計画性をもって早めに進めておくほうがラクです。

●リフォームでシニアライフを快適にする

築年数の経った我が家にさらに長く住むには、トイレ、浴室、キッチン、洗面室などの老朽化した水まわり設備のリフォームが必須です。新しく機能的にすると、暮らしがグッと快適になります。

さらに、高齢になってから安心安全に暮らすための対策も大切です。とくに気をつけたいのが、冬場の住宅内の移動で起こる急激な温度変化、いわゆる「ヒートショック」。二重サッシや断熱材、床暖房などで、家全体を温められる暖房設備を採用すると安心です。

高齢になると階段での転倒も命とりになります。たとえば、2階が寝室なら思い切って階下に移動して、1階だけで暮らせるようにするのはどうでしょう。階段の上り下りが減らせますし、洗面室や浴室と同じ階に寝室があると、ホテルライフのようで快適です。2階は、屋内倉庫として活用できます。

夫婦住まいの人は、お互い家にいる時間が長くなるので、それぞれに居場所を確保できるよう工夫してみましょう。子ども部屋を書斎や趣味のアトリエにするのも手です。部屋に余裕があれば、寝室を別にしてもいいかもしれません。

家具が多い、ものが多く捨てられないなら、「収納リフォーム」がおすすめです。大きな家具は処分し造りつけの収納に変えれば、地震が来ても安全ですし、居室スペースを広げることはバリアフリーにもなります。

大がかりなリフォームには、仮住まいが必要になる場合もあります。2回引っ越しをするようなもので、大変に消耗するとも聞きます。元気なうちに計画的にやっておきましょう。

●バリアフリー化で安心なシニアライフに

つまずきや転倒防止のために、段差をなくす、手すりを付けるなどのバリアフリー化も行いましょう。室内用シルバーカーや車椅子を使うようになれば、廊下を広げたり、敷居にスロープを付けるなどの対策も必要です。

トイレは、介護しやすいように広くします。和式から洋式便器に替えたり、立ち上がり用の手すりを設置するとラクになります。

台所では、ガスコンロからＩＨ式に替えたり、消し忘れ防止のために安全装置付きのものに替えると安心です。

浴室は、またぎやすくするため浴槽を低くして、立ち上がり用の手すりを付けましょう。溺れる事故が多いので、大きめの浴槽は避けたいところ。給湯器の操作パネルは、呼び出しボタン付きのものに替えましょう。

屋内のドアは、引き戸やアコーディオン、カーテン式にすると、スペースをとらず開け閉めに力が要りません。震災のときに閉じ込められる心配も少なくなります。

バリアフリー化は、ＤＩＹでできることもあります。階段に滑り止めテープを貼る、加工した材木を使って敷居の段差を解消する、トイレにつながる廊下に人感センサーを付ける、浴室の床に滑り止めマットを敷くなど、工夫してみましょう。

●住まいを替える

・**故郷に戻る…**地域の人脈を広げるには、行事に協力するなど地域貢献に尽力することです。

・**自然の中で田舎暮らし……**現役のときは別荘と

して利用して、引退してから住居を移すという方法もあります。いずれ車が運転できなくなったときの生活上の不便さ（買い物、通院、移動）なども想定しておきましょう。

・**都市部に移る**……スーパーや駅、大きな病院などに近い、便利な町に住み替えるのも選択肢の一つです。駅に近い場所に住み替えれば、車が不要になりコスト削減にもなります。

・**福祉が充実している自治体に移る**……高齢者のための施策が行き届いている市区町村を探して、引っ越しを検討するのもよいでしょう。

・**子どもが住んでいる街の近くに移る**……子どもが遠くから通う負担を減らすことができます。

・**一戸建てからマンションへの住み替え**……戸建てに比べるとマンションは、家の管理に手がかからず、セキュリティの面でも安心。ワンフロアなので、掃除や部屋の移動もラクです。一戸建てに比べて暖かいのも、大きな利点です。

ただし高層マンションの上階は、点検や地震などでエレベーターが止まったときに困ります。

・**高齢者用住宅などへの住み替え**……比較的元気なシニアの方（一部軽度の要介護者も入居可能）が、いろいろな支援を受けながら自立した生活を送ることができる住まいに「高齢者用住宅」や「健康型有料老人ホーム」があります。

介護依存度が上がると住み続けられない場合もあるので、慎重に選ぶ必要があります。

・**シェアハウス**……シェアハウスは家賃が安く抑えられ、孤独死の心配がありません。「高齢者向けシェアハウス」では、定期的な買い物への送迎サービスや、有料の清掃業務などのサービスが受けられるところもあります。また、高齢者と学生をマッチングさせたシェアハウス（公団住宅でもあり）も出てきています。

③ もの

暮らしのスマート化を進める

要介護状態になったときに、家の中にものが多いと、よけて歩かなくてはいけないし、滑って転倒する危険があります。介護をするヘルパーさんも、動きにくくなります。室内で歩行器や車椅子を使うようになると、そのためのスペースも必要になります。

ものを減らす・整理するのは、気力と体力のいる仕事です。元気に体が動く今のうちに計画し、できるところからやっておくべきです。

「子どもたちに、実家を物置代わりにされている」という話もよく耳にします。置きっぱなしのものは、引き取ってもらうか処分をしましょう。

さらに、家電や自家用車などは、新しいものに買い替えるだけで、体への負担が軽くなり、電気代などの節約につながる場合があります。

●断捨離のススメ

・**衣類**……リタイアして着る機会がなくなったスーツやコート、ネクタイ、体型が変わって着られなくなった洋服などが、「タンスの肥やし」になっている方はいませんか？　状態のいいものは、リサイクルショップに持っていったり、フリマアプリなどの宅配買取を利用して売るのもいいでしょう。子どもや孫がもらってくれなくても、一度も袖を通していないキレイな服や若い頃の着物などは意外と売れたりします。和服は買い取り業者に連絡して、見積もりしてもらいましょう。

・**本**……リサイクルショップやフリマアプリなどを利用して売ったり、図書館や刑務所などに寄贈することもできます。タブレットやスマホなどを使って、今後は電子書籍で読むと決めるのも一つの方法です。

・**家具**……婚礼家具など背の高い家具は、震災のときに倒れる心配があります。また、ものを出し入れする際に椅子や脚立を使うのは、転倒のリスクがあり非常に危険です。中のものを断捨離したり、収納リフォームなどを活用して、家具の処分を検討しましょう。

・**食器**……場所を取っているのが客用の食器類。大人数で宴会をするときは外食にしたり、ケータリングを使うのも手。食器を大量に断捨離したら大きな食器棚を処分できた人もいます。

・**布団**……綿入りの重い客用布団も、処分すると押し入れがスッキリします。年に1～2回だけやってくる子どもや孫のために、布団をたくさん持っている必要はありません。客用布団はリースしましょう。また、布団をベッドに替えると、寝たり起きたりの動作がラクになります。

布団の上げ下ろしがなくなって、腰への負担も減らせます。

・**座布団**……法事などは家でしないと決めれば、大量の座布団が必要なくなる家庭も多いのでは。

・**アルバム・録画テープ**……家族の写真や、子どもの運動会を記録したテープなどは、見ることもほとんどないけれど、処分しづらいものです。業者に頼んでデータ化しておきましょう。アルバムはCD‐ROMやSDカードに、動画はDVDにしてもらえます。子どもに渡すいい機会にもなります。

・**CD・DVD**……映画や音楽はレンタルショップではなく配信サービス(➡P75〜76)を利用するのが断然おすすめです。ラインナップが豊富なので、あなたの好きなものが揃っているはず。思い入れのあるもの以外は売ってしまいましょう。

どうしてもものを減らせないならば、レンタルボックスを借りるという方法もあります。業者によっては、預けているものを写真で確認できたり、季節ものの衣類の出し入れの手配をWEBでできるなど、便利なサービスを行っているところもあります。

子どもが出て行って使わなくなった2階の部屋を、「捨てられないもの置き場」にするのもおすすめ。「家族の思い出資料館」として使うというアイディアはいかがでしょう?

●片づけ・収納のススメ

年齢を重ねると、何を持っていて、どこにしまっているのか、覚えていられなくなります。季節が終わった頃に「そういえばこんな洋服持ってたんだ!」と、発見することはありませんか?

断捨離が済んだら、今度は「使いやすく、しまいやすい収納」を工夫しましょう。ポイントは、「収納する場所は使う場所の近く」にすることです。収納場所が遠いと、億劫になって出しっ放しにしてしまいます。

また、押し入れのように奥行きの深い収納場所にいっぱいにものを入れると、奥にあるものが取り出しにくくなるだけでなく、存在を忘れてしまいがちです。脚立が必要な高い場所にある収納も、同様です。ものをしまうのは、「扉を開けてひと目で見える範囲まで」と決めましょう。

さらにおすすめしたいのは、ものの「見える化」です。箱にしまうものは、ラベルを付けたり写真を撮って箱の表に貼っておくと、開けなくても中身がわかるので便利です。スマホに画像を保存しておくだけでも違います。

片づけが苦手という方は、収納アドバイザーの方に依頼して、一緒にやってもらいましょう。他人の眼で客観的に見てもらうと、使いづらい理由がわかります。一度、機能的な収納方法を教えてもらえば、その後の片づけがグンとラクになるでしょう。

●家電の買い替えのススメ

昨今の家電の進化にはめざましいものがあります。新しいものに買い替えるだけで、家事がラクになったり、光熱費の節約にもつながります。積極的に家電屋さんに足を運んでみましょう。

・**洗濯機**……縦型から、斜めドラム式の乾燥機付き洗濯機に買い替えを。「洗濯物を干す」という家事から解放されるうえ、衣類を出し入れするときの姿勢もラクになります。

・**掃除機**……掃除ロボットを導入するのも手。充電式のコードレス掃除機を使えば、毎回コンセントの抜き差しをする手間が省けます。大がかりな掃除は自分でしないと決めて、お掃除会社に外注するというのも一つの考え方です。

・**冷蔵庫**……家族の人数が減っても、冷蔵庫は大きい方が便利。買い物に行く回数を減らせます。買い替えるなら両開きで、扉が重くないもの、野菜室が真ん中にあるものがおすすめです。

・**食洗機**……食器洗いは意外と負担感があるもの。家事の効率化に役立ちます。

・**キッチンのコンロ**……掃除がラクで、消し忘れ防止機能の付いているコンロに買い替えを。ガスコンロからＩＨクッキングヒーターに替えるのもおすすめです。ただし、カセットコンロは災害時の停電やガス停止時のためにとっておきましょう。

・**暖房器具**……電気ストーブは安価ですが、倒れる危険性が大。部屋干しで衣類に発火したり、災害時の停電後の通電火災の原因にもなっています。「エアコン＋加湿器」の方が安心です。

・**テレビ**……薄型で大画面のものに買い替えると部屋を広く使えます。寝室にも小型サイズがあるといいですね。持ち歩けるタイプにすると、場所を選ばず便利です。

・**パソコン**……デスクトップのパソコンをノートタイプやタブレットタイプにすると、場所をとらず家のあちこちで作業できます。Ｗｉ‐Ｆｉ環境を整備すれば配信サービスで映画も楽しめます。

●自家用車を替える

ワゴンやセダンなど大きい車はもっぱら大家族用です。軽自動車に乗り換えると維持費が安くなり、運転も駐車もラクになります。ペダルの踏み込み間違いを防止できるブレーキアシストの付いた車なら、さらに安心です。

電気自動車も一考です。燃費も安いうえ、災害で停電したときには、車を非常用電源として活用することができます。

毎日は乗らないのなら、思い切って手放してカーシェアリングを活用したり、電動アシスト自転車を購入するというのもいい方法です。維持費がかからなくなります。

●サイズダウンという発想

暮らしの道具類のサイズダウンをしましょう。家族が多かったときの大きいサイズを「二人用」にサイズダウンすると、身軽に快適になります。たとえば炊飯器は5合炊きから2合炊きにすると場所も取らず後片づけがラクになります。土鍋やクッキングプレートなど、それほど使わなくて重いものは処分も検討を。

また、電子レンジを積極的に調理に活用すると調理器具や鍋を減らすことができます。

④ お金

長期の介護生活を見据えて備える

「100歳」を物差しにシニアライフを考えなくてはいけない時代です。「介護生活になったらいくらくらい必要なのか?」「果たして、年金と蓄えだけで足りるのか?」。不安でいっぱいという人も多いかもしれません。

しかしこれから先の30～40年間を、「長寿リスク」「介護破産」といった言葉におびえながら暮らすのでは、楽しくありません。不安だからと目をそらしていないで、現実と向き合ってみることで、何が問題なのか、どんな対策が必要なのかがわかり、前に進めるはずです。

シニアライフを心豊かに過ごすためにも、「我が家のお金」「年金」「介護費用」などについて今のうちに整理し、先々をシミュレーションしておきましょう。

介護費用

●介護費用の目安

介護が必要になったとき、自宅で暮らし続けるか施設に入所するかで、かかってくる金額や費目が異なります。在宅であっても、夫婦二人暮らしの老老介護なのか、一人暮らしかによって違いますす。どのくらいの費用がかかるか予測を立てておきましょう。

・**在宅介護をするための費用**……公的介護保険で利用できるサービスには、訪問系（訪問介護、訪問看護、訪問入浴など）、通い系（デイサービス、デイケア）、お泊まり系（短期入所、お泊りデイサービス）、福祉用具（車椅子、歩行器、介護用ベッド、移動式トイレ、階段昇降機、手すりなどのレンタル＆購入費用）、住宅改修（手すり、トイレ、段差解消など20万円まで）などがあります。

支給限度額は、要介護度ごとに異なります。在宅介護の場合は支給限度額に対して6～7割の利用が多く、その1～3割が自己負担（年間の収入による）となります。

・**施設介護に必要な費用**……介護保険施設の特養、老健、介護医療院は入居一時金がかからず、月々の利用料も抑えられます。特養は費用が安いので地域によっては、すぐに入居できない「待機高齢者」が多くいる施設もあります。

介護付き有料老人ホームは、高額な入居一時金が必要になり、月々の利用料も高めです。認知症の場合は認知症対応型グループホームという選択肢もあります。外部の介護サービスを利用するタイプに、住宅型有料老人ホームとサービス付き高齢者向け住宅があります。

施設で暮らすためにかかるお金

施設の種類	入居一時金（目安）	月々の利用料（目安）
介護保険施設（特別養護老人ホーム 老人保健施設 介護医療院）	なし	5万～15万円 （内訳）介護保険サービスの自己負担分（1～3割）、居住費（1万～5万円）・食費・加算
介護付き有料老人ホーム（住宅型有料老人ホーム含む）	30万～2000万円	15万～40万円 （内訳）介護保険サービスの自己負担分（1～3割）、居住費（1万～5万円）・食費・加算
認知症対応型グループホーム	0～50万円	10万～18万円 （内訳）介護保険サービスの自己負担分（1～3割）・居住費・食費・加算
サービス付き高齢者住宅	賃料1カ月～3カ月分程度（礼金・敷金に該当）	約9万～20万円 （内訳）介護保険サービスの自己負担分（1～3割）・居住費・食費・加算・生活支援サービスほか

※筆者作成

●介護保険の自己負担を想定する

要介護状態になったときに頼りになるのが、公的な介護保険です。利用している人は、年間約614万人（2020年時点）。そして、1人当たりの介護保険サービスの費用（保険給付額、公費負担額、利用者負担額の合計）は19・1万円（厚生労働省平成28年度介護給付費等実態調査より）となっています。

介護保険サービスを利用する場合、原則として費用の1割（年収により2～3割）は自己負担となること、サービスの利用には上限があることを知っておきましょう。また、デイサービスやショートステイでの食費、そのほか介護保険施設での食費や居住費なども自己負担となっています。

介護保険サービスの利用料は、要介護が重たくなるにしたがって増えていきます。そのため自己負担分は、要介護1の頃は少額でも、数年後に要介護3～5となれば負担が大きくなります。

また、40～64歳でも介護保険が利用できますが、「15の疾病による」という条件がついています。

●民間の介護保険で備える

公的介護保険のみで、全ての介護費用がまかなえるのかと心配な方も多いでしょう。

さらにいえば、介護保険制度は3年ごとの制度改正によって自己負担割合が増える可能性も大いにあります。もし、より充実した介護サービスを受けたい、40～65歳での介護にも備えたいと考えるなら、生命保険会社や損害保険会社などの民間の介護保険に加入しておくことも検討しましょう。

その場合、次の3通りの方法があります。

①新たに民間の介護保険に加入する

②現在加入している生命保険・損害保険に「介護特約」として追加する

③今加入している終身保険や10年確定年金等から移行（支払い完了後、満期金や解約返戻金の全額あるいは一部を移行）する

民間の介護保険には終身型と定期型（解約返戻金なし）があり、定期型は掛け金が安く抑えられます。

保険金が受け取れるのは、次の場合です。

①「寝たきりや認知症状態」になったとき（各々の保険会社が定めている条件を確認しましょう）

②国が定めている要介護状態が、一定期間以上続いているとき

③国が定めた要介護認定に沿っているとき（要介護2以上が多い。なお死亡した際には保険金は出ません）

受け取り方法は、毎月ごとに保険金を受け取る年金方式と一度に受け取る一時金方式があります。

●認知症保険に加入する

認知症の場合の介護費用は、そうではない場合の介護費用の2倍以上かかるといわれます。調査では、「要介護度4ないしは5」で「認知症重度」のとき、1カ月の介護費用に13万円（自己負担分含む）支出したという結果が出ています（公益財団法人家計経済研究所「認知症の状態別費用」2016年調査による）。

このような事態に備えるため、最近では「認知症保険」が数社から発売されています。民間の介護保険の保障内容にも認知症は含まれていますが、これは認知症だけに特化した保険です。認知症と診断された場合に、300万円程度の一時金が出たり、年金として保険金を受け取れるというもの。

そのほか、認知症になって物損事故を起こしたり、人に被害を与えてしまったときに備えるための「個人賠償責任保険」も損害保険会社から売り出されています。

将来の見通しが立ちにくい認知症。その介護費用をカバーしてくれる生命保険会社や損害保険会社の保険は、一つの安心材料になります。保障される認知症の種類や給付の条件、保険金や保険料は商品によって異なります。

年金・資産運用

●もらえる年金額をシミュレーションする

要介護になったとき、暮らしの土台になるのはなんといっても公的年金です。現在、高齢者世帯のうち半分以上が年金だけで生活しています（厚生労働省「国民生活基礎調査」2017年）が、年金開始年齢引き上げへの不安や受給額への不安を抱える人は年々増えています。

まだ年金を受け取っていない人は、自分や配偶者が「いつから」「いくら」の年金を受け取れるのかを、「ねんきん定期便」で確認しておきましょう。「ねんきん定期便」は、年1回、誕生月にハガキで送られてきますが、それ以外にも、日本年金機構のHPで見込み額を確認することができます(「ねんきんネット」への登録が必要)。

夫婦で受け取れる金額を合算し、さらに税金や社会保険料の差し引き分(15%くらい)を計算します。年間の受取額を12で割って、毎月の金額も把握しておきましょう。

さらに、勤めていた会社の企業年金制度(企業型確定拠出年金、確定給付企業年金など)を利用している人は、こちらも受け取れる時期や金額の見込みを確認しておく必要があります。

●自力で年金を増やす

公的年金だけでは不安な人は、次のような方法で年金を増やすことも検討してみましょう。

・**60歳以降も働いて厚生年金に加入**……最近では定年を65歳以降に延長する企業や、65歳までは再雇用という形で雇い入れる企業が増えています。また、2016年10月から、パートやアルバイト、嘱託社員などの社会保険の適用範囲が拡大されています。

・**国民年金が40年に満たない場合**……60歳以降も保険料を払う(任意加入)、追加年金(月400円)を払う、免除期間があるなら追納するということも可能です。

・**繰り下げ受給**……国民年金の支給は原則65歳からですが、受給期間を繰り下げれば、その期間に応じて年金が増えます（1カ月遅らせるごとに、0・7％ずつ増額）。最大の5年間を繰り下げて70歳から受け取れば、年金額が142％に増やせます。どんな金融商品を活用するよりお得な方法です。

・**自営業なら「付加年金」「国民年金基金」の活用**……付加年金は、国民年金の保険料に月額400円を上乗せするという方法。将来、年額「200円×納付月数」が受け取れます。国民年金基金は、掛け金が全額社会保険控除の対象となります（いったん加入すると脱退不可）。付加年金と国民年金基金の併用はできません。

・**iDeCo（個人型確定拠出年金）の活用**……老後に受け取れる年金を増やすための制度として、今もっとも注目されています。定期預金や投資信託、保険商品などの金融商品の中から、毎月一定の金額を積み立てて、自ら運用するというもの。60歳以降に、年金または一時金で受け取ることができます。メリットは、積み立てたお金が全額、所得控除の対象になること。運用で得た利息や運用益なども、非課税。さらに受け取るときには、「公的年金等控除」「退職所得控除」の対象になります。

・**財形年金貯蓄の活用**……会社員や公務員が、老後資産をつくるのに利用できる制度です。給料からの天引きで積立てていき、60歳以降に年金として受け取ることができます。貯蓄残高550万円（財形住宅貯蓄との合算）までは利子に税金がかかりません。5年以上の積み立てが必要などの制約があります。

●資産を「見える化」する

老後のお金の不安は、「足りるのかどうかがはっきりわからない」ことが原因ではないでしょうか。

今のうちに貯蓄や証券、負債などを整理し、自分の資産を「見える化」しておきましょう。

持ち家(マンション含む)でも、残っている住宅ローンなどはマイナスの資産です。退職金での一括返済をあてこんでいても、期待どおりの退職金をもらえる保証はありません。あくまでも現在の資産状況を確認することが大切です。

資産の「洗い出し」ができたら、夫婦で老後資金について話し合いましょう。しかしふだんから話し合っていないと、すぐにケンカになったりして話が進まない可能性も。ファイナンシャル・プランナーなど、お金のプロに入ってもらうことをおすすめします。年金がいくらもらえるのか、老後は毎月どのくらいの生活費で暮らすべきかなど、アドバイスをもらえます。

●資産を運用する

資産運用を「脳トレ」として位置づけ、大きなリスクとならない程度の資産の一部を、株式投資やリスクが比較的少ない投資信託などに振り向けて、長期で運用するのもおすすめです。

貯蓄が少ないなら、貯蓄と並行して少額での投資をするのも練習によいでしょう。積み立て型の投資信託なら、ネット証券で100円から始められます。また、iDeCo(➡P66)やNISA(少額投資非課税制度)のように、税制優遇のあるお得な制度を利用する方法もあります。

NISAは、株式投資や投資信託で得た利益や配当分配金を、年間120万円まで5年間非課税にできるというもの。iDeCoはNISAより節税効果は高いですが、60歳になるまで引き出すことはできないという点がデメリットです。

生活費

●家計を「見える化」する

「わが家は、現在1カ月いくらの生活費で暮らしているのか」。すぐに答えられる人は少ないのではないでしょうか。

たとえ家計簿をつけていても、ちゃんと決算を行っていなければ意味がありません。「家計簿どおりなら年100万円貯蓄ができるはずなのに、実際は50万円しかできていない」といったケースはよくあります。

現在の生活費を把握するには、1年間の収入から貯められた金額（貯蓄＋投資分）を差し引いて、12で割るのが確実です。

あなたの家庭のひと月の生活費は、将来もらえる予定の年金額と比べてどうでしょうか？

このような家計の「見える化」は、一度やればOKではなく、毎年やることが大切です。

●家計ダイエット 〜固定費を見直す〜

老後の生活費を試算して、もし赤字になってしまうようなら、今のうちに「家計ダイエット」をして家計の体質を改善しておきましょう。

生活費は「固定費」と「変動費」に分けられます。固定費は、毎月決まって出ていくお金です。

【固定費】

・家のお金（家賃、住宅ローン、管理費、固定資産税など）、町内会費など
・自家用車のお金（駐車場代、税金など）
・生命保険料
・水道光熱費
・通信費（固定電話、携帯電話）

・新聞代（電子版含む）
・動画配信サービス費　など

固定費は見直すことで「家計ダイエット」に大きな効果があります。

住宅ローンは、繰り上げ返済すればかなりの負担減になります。負担は増えますが、「返済期間を短くする」のも手です。自家用車は軽自動車に乗り換えたり、手放してカーシェアリングにすれば維持費を削減できます。

生命保険は死亡保障を減らして、その分で病気のときの備えを増やす、年金保険を充実させるという手もあります。お葬式が家族葬でよいならば、50万円もあれば十分でしょう。また死後の遺品整理代を残しておくと、子どもたちは安心でしょう。

通信費は、プロバイダを変える、料金プランを見直す、電話でなくメールやＬＩＮＥで済ませるなども心がけてみましょう。

水道光熱費は、照明のつけっ放しや水の流しっ放しをやめる、電球をＬＥＤに替える、省エネ型家電に替える、蛇口やシャワーヘッドを節水型に替える、電力会社を替えるなどの方法でも、簡単に節約できます。

●家計ダイエット　〜変動費を見直す〜

生活費から固定費を差し引いた金額が変動費となります。つまり「やりくり費」です。食費や日用品費、交際費、理美容費、被服費、趣味娯楽費など、節約がしやすいところです。

節約は「無駄を減らすこと」と前向きに考えましょう。ただし無理な節約は、ストレスがたまるだけ。自分のライフスタイルにはどのような節約方法が合うのか、やがてやってくるシニアライフを想定して楽しくチャレンジしましょう。

【節約の例】

- **食費**……冷蔵庫や食品庫の中をよく見てから買い物に行く。新鮮で日持ちするものを選ぶ。生鮮食品は保存法を工夫して長持ちさせる。まとめ買いしたものは冷凍保存する。家庭菜園や市民農園、ベランダ菜園で野菜作りをする。
- **日用品費**……レンジ用のふたを使ってラップの使用を減らす。トイレットペーパーやティッシュ、洗剤等の消耗品は値下げのときに購入しストックする。
- **交際費**……友人と会うときは夜の会食ではなく昼のランチか喫茶にする、自宅に招く。お歳暮・お中元をやめることを検討する。
- **美容費**……白髪染めは美容院でなく自分でする。サロンは初回割引やクーポンを活用する。
- **被服費**……洋服は着回しができる服を選ぶ。アウトレットやリサイクルを利用する。冠婚葬祭やパーティーの洋服はレンタルサービスを利用する。
- **趣味娯楽費**……映画などは夫婦割やシニア割を利用する。本は図書館を利用する。運動は公共施設を利用する。旅行は飛行機なら先割り予約を使う。
- **その他**……電子マネーを活用して割引サービスを受ける。

余裕があるなら、節約できた分を「つもり貯金」として貯めていくと、モチベーションが上がります。たとえば、「コーヒーを、外で飲んだつもりで300円」「白髪染めを、美容院でやったつもりで5000円」という具合です。旅行などの目的を達成するための貯金にすると、さらに楽しく節約ができます。

●老後のやりくりをシミュレーション

受け取れる年金がわかって、現在の生活費と比較してみると、老後の暮らしがリアルにイメージできるようになったのではないでしょうか。「老後はこのくらいの生活費で暮らしたい」という金額を決めたら、本当にその予算内で暮らせるのか、今のうちからシミュレーションしてみましょう。

たとえば、「ひと月5万円生活」など目標を決め、「食費＋日用品」が5万円で収まるように生活してみるのです。日割りにして、「一日2000円以内で暮らす」などの目標を立ててもいいでしょう。

今まで、ざっくりとしか家計管理をしてこなかった人は、シニアライフ版家計簿をつけてみてはいかがでしょうか。いざシミュレーションしてみると、思ったより無駄な出費をしていたことに気がつくかもしれません。

リタイア後の支出は、現役時代に比べて2〜3割減るのが一般的といわれます。収入が減ったのに現役時代と同じレベルの生活を続けていると、あっという間に預貯金が減ってしまいます。シミュレーションをすることで、夫婦でお金の使い方の足並みをそろえるのにも役立ちます。「もう少しここを節約しよう」など、真剣に考えることもできるはずです。

その他のお金

●銀行口座を整理する

金融機関の口座はいくつ持っていますか？引っ越しのたびや用途別に銀行口座をつくっているうちに、いつの間にか増えてしまった人もいるのではないでしょうか。ずいぶん前につくった口座だと、銀行の合併などにより銀行名が変わっているケースも多いでしょう。今のうちに整理して、3つくらい（生活口座、貯蓄口座、収入・投資用口座など）までに減らしておきましょう。歳をとると細かい手続きが億劫になるからです。

休眠口座は、廃止手続きをとります。長く使わないと暗証番号を忘れてしまったり、ハンコをなくす可能性もあります。いずれ、口座の存在自体を忘れてしまうかもしれません。また、休眠口座から管理手数料を取り始める動きもあります。

●老後の「収入」を増やす

受け取れる年金額で生活していくのが厳しそう、貯蓄がちょっと（かなり）少ない、もう少し余裕のある老後を送りたい、という場合は、収入を増やすことを検討してみましょう。

一番効果的なのは「働くこと」です。定年以降も厚生年金保険に加入して働くことができれば、受け取る年金を増やすこともできます。

健康のためにも、生きがいをもつためにも、人とふれあう機会をつくるためにも、元気に体が動くうちはできるだけ外で働く方が幸せな老後生活につながるでしょう。

●リバースモーゲージ

老後の収入を確保する方法の一つとして、「リバースモーゲージ」があります。

リバースモーゲージとは、自宅に住み続けながら、自宅を担保にして融資を受けられるという仕組み。死亡したときに、自宅を処分して返済することができます。

国や自治体など公的機関のものと金融機関のものがあります。公的機関は低所得者が対象ですが、金融機関はおもに土地持ちや高額不動産物件に住む高齢所有者が対象です。

ただし不動産価格の下落や金利上昇、さらに借り手が予想以上に長生きした場合に、「元本割れ」になり、生きている間に自宅を手放さなくてはならなくなるリスクがあります。

条件に合わなくてリバースモーゲージが利用できない場合、「ハウス・リースバック」というサービスもあります。所有している家を買い取ってもらい、賃貸として住み続けられるというもの。メリットは、固定資産税がかからなくなったり、買い取り代金を一括で支払ってもらえ老後の生活資金として活用できること。ただし買い取り金額は相場の7割程度になり、家賃を払い続ける必要があります。

●遺産の活用

親がまだ健在な方は、親からの遺産がいくら入ってくるか知っていますか？　大事なことですが、なかなか触れにくい話題です。きょうだいがいる場合は、お互いにけん制し合って言い出しにくいこともあるでしょう。

しかしもし聞いておけるなら、老後の資金計画を立てやすくなります。お正月などで家族が集まるときに話題にしてみてはどうでしょうか。親の資産を、含み資産として老後にあてこんで信託銀行に預けておくのも一つの手です。生きているうちに「生前贈与」で財産を減らしておくことで、相続税を減らすこともできます。

⑤ 情報

ネットサービスで豊かな暮らしを実現する

介護保険制度や介護サービスは刻々と変わり、介護保険外サービスや高齢者向けの民間サービスも、今後広がりを見せることは確実です。自分なりの「しあわせ介護計画」をカタチにしていくためには、なによりも情報リテラシーが求められます。とくに、必要な情報、お得な情報を得るためには、インターネットの活用は欠かせません。

音楽や映画を無料、または低料金で楽しめるサービスも増えています。上手に活用することで、介護生活に入ってからも、時間の使い方を充実させることができます。体も脳も元気な今のうちに、ぜひネット環境を整えておきましょう。

●Wi-Fi環境を整える

インターネットを活用するならば、必ず整備しておきたいのが、無線Wi-Fiです。家の中のネットワーク対応端末を無線で接続できるようになり、電波が届く所ならどこでもインターネット利用が可能になります。マンションでは無料で利用できるところも増えていますが、まだ自宅にWi-Fi環境がない場合は、今のうちにルーターを購入するなどの用意をしておきましょう。

また家でスマホを使うなら、自宅の回線につなぐことでLTEの通信量を節約できるというメリットもあります。工事が必要な場合もありますが、電話やWEBで簡単に申し込めます。ケーブルが必要ないので空間がスッキリし、つまずいて転ぶ危険性も減らせます。

●動画配信サービスを楽しむ

インターネットを使って楽しむ動画配信サービスには、定額制の有料サービスと無料サービス（広告収入で運営）の2種類があります。

有料サービスでは、著作権が守られているドラマや映画などを高画質で見ることができます。レンタルビデオ店に行ったりDVDを買う手間も省け、とても便利です。

料金は月額500～2000円程度で、動画を何本見ても料金は変わりません（作品によって追加料金が必要な場合あり）。フールーやネットフリックス、アマゾンプライム、ユーネクスト、ダゾーンなどがあり、会社によって、新作映画に強い、スポーツに強いなど得意なジャンルがあるので、自分の好みに合わせて選ぶとよいでしょう。

無料サービスでは、YouTube、アベマティーヴィー、ニコニコ動画などがあります。

これらのサービスは全て、テレビやスマホ、タブレット、PCなどで、時間を選ばずいつでも楽しむことができます。

●音楽配信サービスを楽しむ

音楽を楽しむときに、「iTunes」などのダウンロード型のサービス以外に、定額制の音楽配信サービスを楽しむ人も多くなっています。

1000円前後の月額料金で、何千万曲もの膨大な楽曲から、好きな音楽を好きなだけ楽しむことができるので、毎日よく音楽を聴くという人にはおトクです。

アップルミュージックやスポティファイ、ラインミュージック、アマゾンミュージックアンリミテッド、YouTube Musicなどがあります。

●スマホの活用

時間がたっぷりとある介護生活を送るときに、スマホの存在は欠かせません。画面をタッチするだけで、世界の人とつながることができ、世界のあちこちのニュースを知ることもできます。気軽に思い出の写真や動画を見ることもできます。

ところが、通話したりメッセージを送るくらいで、スマホの機能を十分使いこなせていないという人が多いのではないでしょうか。子どもや孫に教えてもらったり、高齢者向けの「スマホ教室」に参加するなどして、先々やってくる介護生活に入る前に上達しておきましょう。

シニア向けの便利な機能もあります。設定方法は機種によって違うので、ネットで調べるか、販売店などで教えてもらいましょう。

●便利なアプリを活用する

スマホやタブレットで楽しめる、シニアにおすすめの便利なアプリをご紹介します。

【写真・動画共有】

・**みてね**……家族や仲間と簡単に写真や動画を共有できるアプリ。コメント機能を使ってやりとりもできる。子どもの名前と誕生日を登録すると、1カ月ごとに自動的にアルバムを作ってくれて、フォトブックも作れる(有料)。

・**まごラブ**……シンプルなのでシニア世代でも使いやすい。投稿した写真を誰かが見ると「見たよ」マークがつく。毎月コラージュ風の写真を登録住所に送れる「親孝行フォトレター」機能もある(有料)。

【料理のレシピ検索】

・**クックパッド**……国内最大手のユーザー参加型、投稿レシピアプリ。食材名を入れるだけでも、おすすめのレシピを表示してくれる。

・**デリッシュキッチン**……数多くのレシピを動画で紹介してくれる。時短レシピも多く、料理のレパートリーを増やしたい方にもおすすめ。

【献立づくり】

・**アジノモトパーク**……1品のレシピを選ぶと、主菜、副菜、汁物から適切な2品を加えて、栄養バランスのよい計3品の献立を提案してくれる。

・**レキピオ**……家にある食材や調味料を登録し、AIに好みや気分を伝えると、ぴったりの献立を提案してくれる。上手に活用すれば食費の節約にも。

・**ミーニュー**……家族構成やアレルギーなどを登録すると、30秒で1週間の献立を自動作成。必要な買い物リストも自動的に作ってくれる。気に入った料理を登録すると、AIが家族の好みを学習していく。

【ニュースを読む】

・**各新聞の電子版**……各新聞の電子版を、有料で購読することができる。紙の新聞がたまらず紙ゴミを減らすメリットも。

・**スマートニュース**……そのとき話題になっている新聞、雑誌、テレビの記事やコラムを自動で集めてくれるアプリ。「政治」「経済」「テクノロジー」から「エンタメ」「スポーツ」「グルメ」まで、幅広いチャンネルを備える。

・**グノシー**……登録時に、年代や性別、ツイッター、フェイスブックなどのアカウントからユーザーの興味を分析。使えば使うほど自分に合った記事が出やすくなる。

・**LINEニュース**……数多くあるニュースから厳選したものをコンパクトに要約して配信。朝見たニュースの続きが気になるという場合は、アプリ内で新着通知が来るので手間なく続報を知ることができる。

【健康・ダイエット管理】

・**あすけん**……料理の写真を撮ると、ＡＩが画像から料理の種類を判別し、標準カロリーを表示してくれる。

・**徒歩でゆく～東海道五十三次**……実際の歩数と連動して東海道をどんどんキャラクターが歩いていき、終着点の三条大橋までたどり着いたら、かかった日数でランキングが表示される。

【その他】

・**XZ（クローゼット）**……手持ちの服の写真を撮ってアプリに登録すると、ＡＩがその日の天気や流行をふまえたコーディネートを提案してくれる。タンスに眠っている服も活用できるかも。

・**GreenSnap**……植物の写真を撮るだけ

で、AIが名前を教えてくれる。投稿すれば他ユーザーからの回答も聞ける。投稿に「いいね」や「コメント」をして、植物が好きな人たちと気軽に交流できる。

●スマートスピーカーの活用

スマートスピーカー（AIスピーカー）は、音声で操作することができる対話型のスピーカー。利用するためには、本体以外にスマホと無線Wi-Fiが必要です。

インターネットを使って行う調べ物や買い物、音楽鑑賞などを、パソコンやスマホを使わずに「呼びかける」だけで操作できるので、歩行移動が不自由な人にとっても便利な道具です。

買わなければいけないものや、忘れてはいけない用事なども、スマートスピーカーにお願いしておけば、クラウド上に記録することができます。

テレビや照明、エアコン、ロボット掃除機なども、スマートスピーカーを使って操作が可能（IoT家電、またはWi-Fi経由で操作できるリモコンが必要）。登録しておけば、「おやすみ」と言うだけで照明やオーディオが消えたり、自宅を出たら自動的にロボット掃除機が動き出すような設定にもできます。

LINEが開発したクローバウェーブというスマートスピーカーは、呼びかけるだけでLINEのメッセージが送れるので、家族とつながっておくと緊急のときにも便利です。

ほかにグーグルやアマゾンなどのスマートスピーカーがあります。5Gが普及すれば、さらに機能性がアップした製品が増えていくでしょう。

⑥ 生きがい・エンタメ

介護生活でも楽しめる趣味をつくる・深める

　高齢者の趣味といえば、昔は「ゲートボール、囲碁、盆栽、手芸」など地味なイメージがありましたが、これからは全く違ってくるでしょう。シニアになってから、バンドを組んで音楽を楽しむ人もいますし、登山のグループには、若者以上に元気な高齢者が目立ちます。

「何をしたらいいかわからない」と言う人は、小さい頃に得意だったことや好きだったことを思い出しましょう。もしくは、やりたかったけれど仕事や家族の都合であきらめたことを、これから始めてみては？　介護生活に入っても楽しめるような趣味だったら、理想的です。

　自分のために時間を使えるときが、ようやくやってきたのです。夢中になれる趣味があれば、時間が長すぎると感じることはありません。

●音楽

・**カラオケ**……教室は、歌謡曲、ジャズ、シャンソンなど、幅広いジャンルから探せます。上手に歌えるレパートリーが増えると、友だちとカラオケに行くのが楽しみになりそう。年齢を重ねて声がこもりがちになったり、滑舌が悪くなる、呼吸が浅くなるといった悩みも解決できます。

・**楽器**……ピアノやギターなど、ゼロから習い始めてもいいし、昔取った杵柄をもう一度磨いてみても。最近では、アルトサックスがシニアに人気。指をバランスよく使うので脳トレになったり、呼吸のトレーニングにもなるといいます。ヘッドホンで音を出さずに練習できる電子楽器もあります。上達したら発表会に出たり、仲間を集めてバンドを組むのも楽しいもの。

●文学

・**読書**……好きな作家や作品について、地理やその時代の文化、流行などの背景を調べると、より深く楽しむことができるでしょう。ＳＮＳなどで書評を発表してもいいし、近くで読書会などが催されていたら、参加してみても。

・**俳句、短歌**……近くで催されている句会や短歌の会に参加してみたり、ＳＮＳのサイトに参加するのも手です。自信がない人は、まずはカルチャーセンターや通信講座で基本を学ぶのもいいでしょう。

●芸術

・**写真**……人物、野鳥、草花、鉄道、山など、テーマを決めて撮るのもおすすめ。ツールは、デジタルカメラだけでなくスマホでもＯＫです。ＳＮ

Sで発表して、家族や仲間に披露しましょう。

・**動画編集**……自然散策や旅行ではたくさん動画を撮りましょう。編集を楽しむ時間はたっぷりあります。好きな音楽をBGMにして、SNSで公開して見知らぬ人とつながるのも楽しい。

・**絵**……水彩、油絵、絵手紙などは手と腕が動けば楽しめる趣味。似顔絵もおすすめ。基礎を学んでおけば、周りの人を描くだけで親しくなれて、喜ばれます。

●鑑賞・観戦

・**スポーツ観戦**……野球だけでなくサッカー、バスケット、バレーなど地元プロチームが増えました。ファンクラブに入ったり、「押し」の選手を決めて観戦日記をSNSで発信すれば、世代を越えた仲間をつくりやすくなります。

・**観劇**……現役時代や子育て時代に時間がとれなかったのが観劇です。歌舞伎、ミュージカル、落語、演芸、お笑いで「はまる」ものを見つけましょう。ファンとなっておっかけするのも楽しいでしょう。

・**映画**……最近多いシネコンスタイルの映画館では、バリアフリーが行き届いている施設が多く、安心して楽しむことができます。「夫婦50割」や「シニア割」などを使えば割安で見ることもできます。

映画配信サービスを使えば、映画館まで足を運ばなくてOKです。同じ監督や俳優が好きな人をSNSで募って、研究会やファンクラブを立ち上げても。アカデミー賞の授賞式を同時に鑑賞しながら、SNSでつぶやき合うのも一興です。

学び

・**大学・大学院**……リタイア後に大学や大学院の社会人入試を受ける人が増えています。大学側も、新入生減少を受けリカレント教育として力を入れています。期間限定で学びたいなら「社会人聴講生」になるのもおすすめ。現役時代の仕事経験に関係の深いゼミを選択すれば、また新しい発見があるでしょう。この年齢になって「同級生」ができるというのは悪くないものです。

・**市民大学、カルチャーセンター**……市民大学やカルチャーセンターなら、ほぼ同世代で興味を同じくする仲間をつくれます。終了後は知り合った人たちと研究会を立ち上げて、定期的に会合を開くのはいかがでしょう。テーマを決めて発表や議論をしたり、ゲストを呼んで話を聞いたりするのも楽しいものです。

・**語学**……英会話や韓国語教室が人気。海外への短期留学をするシニアも増えています。語学だけでなく、ガーデニングや料理などを一緒に学べるコースもあるようです。

・**各種検定に挑戦**……民間資格の取得も楽しいものです。コーヒーインストラクター検定、花ソムリエ検定、掃除検定、ねこ検定、温泉ソムリエ検定、世界遺産検定など、自分の興味のある分野の検定に挑戦してみては。昇級制度があるものだと、さらにやりがいがあります。

実用を兼ねた趣味

・**料理**……シニアの男性向け料理教室が人気です。今まで料理は妻任せだったという男性もやってみると料理のおもしろさに目覚めるかも。家事手伝いでなく趣味としての「男の手料理」と考えると、やる気が出るかもしれません。カタチから入るのも一つ。少し高級な包丁やかっこいいエプロンを揃えてみるのもおすすめです。

・**ガーデニング**……庭に花壇を作ったり、ベランダで鉢植えでガーデニングする作業は楽しいものです。植物の成長は日々の喜びにつながり、窓から見える花や緑は心を癒してくれます。

・**野菜作り**……庭を一部畑にする、ベランダに鉢植えを並べて野菜作りを始めるのもいいでしょう。食費の節約にもなり、食生活が豊かになります。本格的にやるなら市民農園を借りる手も。たくさん収穫できたら近所の人におすそ分けすると地域の人脈も自然と広がります。

・**ワイン**……ワインは種類が豊富で、味に違いがあるので奥が深く、勉強するほどおもしろくなってきます。エチケット（ラベル）を集めたり、相性のいい料理（マリアージュ）を研究するのもいいでしょう。高価なワイン集めは投資にもなります。

・**占い・風水**……タロット占いや占星術、風水などを学んでおけば、周りの人を占ってあげられるので、人気者になれそうです。カルチャーセンターでも学べます。

●エンターテインメント

・**ネットゲーム**……自宅にいてもインターネットで国内外の人と対戦できるのが醍醐味です。囲碁、将棋、麻雀などシニアにおすすめのゲームもあります。

・**麻雀**……「飲まない、吸わない、賭けない」健康麻雀がシニアに人気。みんなで卓を囲むことで会話も弾み、脳トレ効果もあり認知症予防として注目されています。雀友をつくっておけば、ネットで対戦もできます。

●ペット

ペットが生きがいというシニアは多いものです。癒される、可愛いというだけでなく、世話をしなくてはいけないという役割があることで、気持ちに張り合いが生まれる効果があります。毎日、エサをあげる、散歩に連れていくことで、生活にリズムができるのが健康にいいという声も。

また、ペット仲間の広がりも重要です。いつもの散歩で顔見知りになり、ペットの話題から友だちになることもよくあります。

ただし、飼い始めたら最後まで責任を持つこと。犬や猫なら、生まれたばかりより、ある程度成長した保護犬や保護猫を引き取るというのも、賢い選択です。

ペットを飼うと「自分が先に死ぬわけにはいかない」という気持ちが、長く元気でいようとする動機につながります。避妊手術を怠らないこと、多頭飼いになりすぎないことも大切です。

また、犬と一緒に利用できる老人ホームや、飼い主に代わって老犬を一生世話してくれる老犬ホームを探しておくのもいいでしょう。

⑦ 仕事・ボランティア

経験や特技を生かして、イキイキ過ごす

体が不自由でも仕事をしている人は、たくさんいます。もし要介護状態になっても、仕事やボランティアをして世の中の役に立つことができたなら、それは大きな生きがいになるでしょう。

とはいえ、要介護になってから仕事を探そうと思っても難しいもの。元気な今のうちに、下調べをしたり資格を取ったりして、準備しておくことができたら理想的です。「家にいながらできる仕事」や、「時間がたっぷりあるからこそできる仕事」を考えてみましょう。

自分が要介護になる前に、親や配偶者の介護を担うことになったときのために、すき間の時間でできる仕事を考えておくのも、おすすめです。

●キャリアを生かして働く

・スポットコンサルティング……ビジネスで得た知識や経験、人脈を生かして、1時間ほどの短時間でビジネスの相談に乗るというもの。最近、定年後の人たちの新しい仕事として注目されています。自分のキャリアや専門分野を登録すると、マッチングをしてくれる会社が、アドバイスを受けたい企業や人を紹介してくれます。たとえば、「店長経験がある人に、バイトの教育の仕方を教えてもらいたい」「美容院向けのサービスを考えたので、美容院の経営経験がある人にニーズがあるかどうか聞きたい」「人事部の経験が長い人に、新卒採用の方法を聞きたい」など、様々なマッチング例があります。早めに実績をつくっておけば、要介護状態になってもインターネットなどで仕事ができるでしょう。

・**資産運用のアドバイザー**……元銀行マンや証券マンなどにおすすめ。年金アドバイザー、相続アドバイザー、DCプランナーなど様々な資格があるので、取得しておくと役に立つでしょう。

・**自分史・旅行記作りのお手伝い**……元記者や編集者、ライターの方におすすめ。会わなくても、メールやテレビ通話で取材ができます。LINEをはじめ、スカイプやズームといったオンラインのサービスが有効です。

・**確定申告のお手伝い**……長年経理部にいた人や会計事務所の経験者は、面倒な確定申告をお手伝いすることが仕事になります。

●特技を生かして働く

自分がやってきた仕事の技術や、持っている特技を、定年後にさらに磨いて専門的になっておくと、仕事につなげやすくなります。それが生かせる職場で一定の期間アルバイトをして、現場で腕を磨くのもいいでしょう。

・**筆耕**……賞状などを書く仕事で、書道が得意な人におすすめ。とくに3月は卒業証書などの依頼が多い。

・**洋服や着物のリフォーム**……洋裁が上手なら、サイズ直しなどのリフォームの仕事ができます。着物を洋服やバッグにリフォームするお店を開業するのもよいでしょう。

・**翻訳、通訳**……英語が得意な人には、翻訳の仕事や日本への外国の旅行者対象の通訳もよいでしょう。技術はカルチャーセンターや通信教育で学べます。

・**自宅で教室を開く**……料理教室や書道教室、フラワーアレンジメント教室など、特技や趣味を生かして家で教室を開いておくと、介護が必要となっても続けることは可能です。教室(自宅)にやってくる人は、将来話し相手になってくれるかもしれません。

●シルバー人材センターに登録する

シルバー人材センターは、原則60歳以上の健康で働く意欲のある人なら会員登録できます。地域の家庭や企業、公共団体などから仕事を受けると、会員として登録した高年齢者の中から適任者が選ばれて仕事をします。

目的は生きがいを得るための就労。庭木の剪定などの不定期な「ちょこっとお手伝い」から、駐輪場の整理、公園の清掃まで様々です。収入は、月8〜10日就業した場合、全国平均で月額3〜5万円程度です。

●介護生活の経験を生かす

介護生活が始まってしまうと何もできないと思

いがちです。しかし発想を変えれば、あなたの介護経験を生かして次のような役割を担えるかもしれません。

・介護ライフのブログを書いて発信（発表）する
・介護ライフの体験を小学生や専門学校の生徒たちの前で講演する
・地域の介護者家族の会や認知症家族の会の集まりで介護ライフについての講演をする
・介護用品、高齢者向け消費材、宅配弁当、スーパーなどの要介護シニアモニターになる

●ボランティア

要介護状態になっても「社会の何か役に立つ」ことで自己肯定感や幸福感、生きがい感を満たすことができます。肩ひじ張らないちょっとした社会貢献（通称ちょこボラ）はおすすめです。

・**朗読ボランティア**……全盲の人や入院中の人向けに、新聞や雑誌、本を読む。
・**語り部**……地元の歴史や戦争の体験を子どもや大人たちに伝える。
・**外国人旅行客のための観光ガイド**……英会話が得意な方向き。
・**清掃活動に参加**……公園、遊び場、図書館などの公的施設の庭掃除など、気軽に参加できる。
・**看護学校・介護専門学校での実習に協力**……要介護の人が実習素材になることで、リアルな練習ができる。

⑧美容・健康

心と体の状態を整える

介護生活になったり、寝たきりになる日を少しでも遅らせるために、運動したり生活習慣を見直して自分の体を健康に保ちましょう。

健康でいるための3つの条件は、質のいい「食事・睡眠・運動」といわれます。食事は、栄養に気を配ることはもちろんですが、楽しく食べることも大切です。また、歳を重ねると寝つきが悪くなったり、熟睡できなくなることがよくあります。生活リズムに合った睡眠法を見つけましょう。運動は、筋力を高めたり身体機能の低下を防ぐだけでなく、生活習慣病の予防やストレスの発散、認知症の予防などにもつながります。

健康だけでなく、外見に気を配ることも大切です。おしゃれをしたりメイクをすると、出かけるのが楽しくなります。そして「人に見られている」という気持ちが緊張感をもたらし、前向きな気持ちになれます。

●運動

高齢になるにしたがって社会活動が減るので、体力も低下していきます。病気やケガをしたのがきっかけで要支援状態となり、家にいる時間が長くなってしまうと、急速に筋力が低下してしまいます。

筋力が落ち、身体機能が低下すると、歩行能力やバランス能力が低下して、「フレイル」という状態になります。フレイルは介護生活になる前段階で、転倒するリスクも高まります。

フレイルを防ぐため、そして少しでも健康寿命を延ばすためにも、適切な運動を行うことが大切です。

また、あなたが配偶者より先に要介護になるとは限りません。配偶者に介護が必要となったとき、寝たきりの相手を起こしたり抱き上げたりできるでしょうか？　今のうちに足腰を鍛え、筋肉をつけておきたいものです。

とはいえ、急に激しいスポーツをするのはおすすめしません。年齢や体力、健康状態などに合わせて、無理のない運動を毎日続けることが大事です。たとえば水泳やウォーキング、ジョギングなどの「有酸素運動」は効果的です。

運動してリフレッシュすることは、肉体的にだけでなく、精神的にもいい影響があります。とくに有酸素運動は、「幸せホルモン」といわれるセロトニンの分泌を促すので、ストレスの発散につながります。また、脳内の血流をうながすので、認知症予防にも効果があります。

日中のスポーツジムは、ほぼ高齢者ばかりです。お弁当を持参して、スイミングにサウナ、スパなどで長時間過ごす人もいます。さらにフラダンス、ズンバ、ダンス教室なども高齢者に人気です。クリスマスやハロウィンなどのイベントでは、みんなで仮装して盛り上がるところも。思い切って飛び込んでみると、世界が広がることでしょう。

●栄養管理

高齢者の低栄養が問題になっています。急に痩せてきた（体重が半年に2～3kg減った）、皮膚が炎症を起こしやすい、抜け毛、かぜなどの感染症にかかりやすい、握力が弱い、口の中や舌、唇が乾いているなどの症状がみられる場合は、要注意です。

病気になりにくくするため、そして、高齢になると増えやすい内臓脂肪を減らして筋肉を増やすために、次のことに気をつけましょう。

・**3食きっちり食べる**……高齢になると、朝昼兼用になる人が結構います。食事を抜くと、内臓脂肪が増えやすくなります。

・**夜遅くに食べない**……体重や内臓脂肪が増える原因です。

・**適度な運動を取り入れる**……体重を減らしたいなら、食事を見直すだけでなくて運動もしましょう。ダイエットのための急激な食事制限は、大きな病気の原因になる危険も。標準体重より少し小太りの方が長生きといわれています。

きちんと摂りたいのは、肉や魚、卵などのタンパク質、ご飯やパン、麺などの炭水化物、そして野菜や果物。乳製品や大豆製品は毎日摂り、塩分や油、砂糖は控えめに。お菓子は食べ過ぎないこと。

●歯の健康

高齢になって後悔することの一つとして、意外にも上位にくるのが「歯の健康管理を怠ったこと」です。ついつい定期健診を受けずにやり過ごしてしまいがちですが、老後に悲劇が待っているかもしれません。

定期検診により、歯周病や虫歯を初期の段階で見つけることができます。進行してしまうと抜歯することになるので、ブリッジや義歯、インプラントなどの治療が必要になり、予想以上にお金がかかります。歯周病は、放置しておくと糖尿病の原因になることもわかってきました。

歯の健康が維持できると、好きなものをおいしく食べる生活を送ることができます。噛むことで脳の血流が増え、脳神経細胞の働きが活発になるので、認知症予防にもつながります。

介護予防のために、口腔ケアは欠かせません。歯磨きは、歯ブラシだけでなく歯間ブラシ、フロスなどを使ってしっかり行い、季節の変わり目などに定期検診を受けるように心がけましょう。

●睡眠

リタイアして「毎日が日曜日」になると、朝起きる時間がどんどん遅くなってしまう人がいます。「遅く寝て、遅く起きる」という生活リズムになると、健康に悪影響が出ます。朝は早く起きるように心がけましょう。朝陽を浴びることで、体内時計をリセットすることができます。

高齢になると、睡眠時間が短くなるのは自然なこと。長すぎると、脳卒中などの健康リスクが出るといわれています。大事なのは長く寝ることではなく、質のいい睡眠をとること。そのためには、夜に向けて副交感神経を活発にさせることが大切です。日中に運動をして、夜はリラックスして過ごす、通気性のいい枕や乾いた清潔な寝具を使うなど、熟睡できる環境を整えましょう。

また、配偶者から「いびきがひどい」と言われている人は、「睡眠時無呼吸症候群」を疑う必要があります。これは、肥満や加齢、あごの骨格などが原因で、寝ているときに舌が落ちて気道がふさがってしまうという病気。睡眠状態を悪化させるだけでなく、居眠り運転の原因になったり心不全を併発しやすいなどのリスクがあります。

●おしゃれ

多くの女性にとって、おしゃれは生きがいであり、生活のハリの一つです。女性は若いときの服を基準にしないで、今の自分に合う服を自分よりも若い店員と会話しながら選んでいくといいでしょう。他人から見ても好感のもたれるファッションになります。きれいな色の服を選ぶと明るく若くなります。

男性はとくに、高齢になってからこそ、外見に気を使うべきです。リタイアしてスーツを着なくなるとたんに冴えない見た目になって、カッコ悪くなる人がいます。老いてから着るものがくたびれていたり流行遅れだと、貧相に見えます。かといって30~40代のようなラフなファッションのままでは、若づくりが過ぎて痛々しく見えることも。これまで「着るものは気にしてこなかった」という人こそ、気を付けるようにしましょう。

といっても、何を着たらいいのかわからないという人も多いでしょう。ファッション雑誌は、おしゃれのレベルが高すぎて真似するのが難しいかもしれません。急にキャラクターに合わないファッションを目指すのも、無謀です。まずは清潔感のある、好感の持たれるファッションを目指しましょう。

おすすめは、ショップの店員さんに相談することです。「今着ているこのジャケットに合うシャツはどんなの?」と聞いてもいいし、持っている服の写真を撮っていって相談してもいいと思います。

おしゃれに慣れてくると、同窓会やサークルなどの集まりに参加するのも楽しくなります。

●メイクレッスン

メイクのやり方も、流行とともに変わっていきます。50歳を過ぎた人に似合うメイクは、若い人とは違います。年相応のメイクをすることで垢抜けるし、むしろ若返って見えます。ずっと自己流でやってきて、どんなメイクがいいのかわからないという人は、「メイクレッスン」を受けてみてはどうでしょう。カルチャーセンターなどでやっています。一般的なテクだけでなく、個人の顔立ちや顔色に合ったテクも教えてくれますし、値段の安い「プチプラコスメ」を紹介してくれるところも多いようです。

メイクの勉強をして上手になっておいて、将来施設に入ったときに、周りの方にメイクをしてあげると喜ばれるでしょう。

⑨ 意思決定

どんなときでも自分の意思を守る

厚生労働省の推計によると、2025年には65歳以上の高齢者のうち、5人に1人が、90歳以上では7割以上が認知症になるといわれています。もはや、だれもが認知症になる時代ともいえます。

認知症の症状には記憶障害、見当識障害、失語症、そして判断能力の低下があります。このため、自分の意思が尊重されない契約をしてしまったり、詐欺めいた被害に遭うリスクが高まります。財産の処理でトラブルになったり、子どもや親族同士でのもめごとに発展したりしています。

人生の最後に向かってどのようにして自分の「意思」を守れるか。大切な財産を守るだけでなく、自分らしい生活を送るためにも、できるだけの準備をしておきたいものです。

●成年後見制度の「任意後見」を利用する

「成年後見制度」は、認知症や障がいなどで判断能力が充分でない人の、日常生活上のことや財産管理、法律行為などをサポートする制度のことです。後見人は法律行為を代わりに行う代理権と取消権が与えられます。

成年後見制度には、「法定後見制度」と「任意後見制度」の2種類があります。

法定後見制度は、判断能力が充分でない状態になってから契約を結ぶもの。本人の状態やサポートの度合いに応じて「後見」「保佐」「補助」の3つの類型があります。後見人には親族ではなく弁護士や司法書士、行政書士など法務の専門職の「後見人」が選ばれることが多く、全ての財産が家庭裁判所の管理下に置かれます。そのため家族が財産を自由に使うことが難しくなります。生前贈与などの節税対策もできず、後見人に支払うための報酬は亡くなるまでずっとかかります。

任意後見制度は、現在判断能力のある人が、将来判断能力が不充分になったときに備えて、自分で後見人を選び、事前に登録(契約)しておくというもの(公証役場で公正証書を作成)。

任意後見制度では、後見業務を適正に行っているかどうかを確認する「任意後見監督人」を家庭裁判所が指定します。弁護士や司法書士などが選ばれるのが一般的です。

後見人等の主な仕事は、次の2つです。

- **財産管理**……印鑑や通帳、有価証券などを預かり、年金の受け取りや光熱費・税金の支払いなどの預貯金の管理・解約、不動産の管理を行います。
- **身上監護**……介護施設との契約、ケアマネジャーと介護保険サービスの調整など、本人の生活環境を整えるために必要なものを選び、手続きをします。安否確認や健康状態の観察などの見守りも行います。

後見人には、親族だけでなく信頼する第三者を指定することもできます。実際に後見人に仕事をしてもらうのは、認知症になってからです。

成年後見制度は、日本では2000年に誕生しましたが、あまり普及が進んでいません。家庭裁判所への定期的な報告義務があるのが面倒だったり、報酬費用がかかるのがその理由です。

しかし判断能力のある元気なうちに「任意後見制度」を活用しておくことで、余計なトラブルや家族への負担を避けることが可能になります。

●家族信託を利用する

認知症になり判断能力が失われると、「財産凍結」という問題が起こります。所有している財産の売買や、預金の引き出しができなくなります。本人を施設に入れるための費用を準備するために、家族が定期預金を解約したり、不動産を売りたいと思ってもできないので、お金の工面に大変な苦労をすることになります。

このような事態を防ぐための手段が「家族信託」です。判断能力があって元気なうちに、子どもなど信頼のおける人と信託契約を結んで、財産管理を任せることにしておけば、その人の権限によって財産を管理したり売却することができるというもの。一部の銀行で取り扱いが始まっています。

家族信託では、全ての財産を託すのではなく、財産の一部を指定して信託契約を結びます。託された財産に関しては、家庭裁判所にお伺いを立てずに管理・売却することができるので、時間や手間を防ぐことができ、家族への負担が軽くなります。

家族信託には遺言と同じような機能があるので、財産の継承先を指定しておくことも可能です。通常、相続の際は、子どもの誰かが途方もなく時間と手間のかかる手続きを負うことになりますが、家族信託を活用すれば、これを省くことができますし、気の重い遺産分割協議を行う必要もなくなります。

「任意後見制度」の場合、実際に機能するのは、本人の判断能力が低下してからになりますが、家族信託は、契約の時点から家族による資産の管理と運用が始まるのもメリットです。

ただし、家族信託には「身上監護」の機能はないので、施設への入居などの際は本人に代わって契約手続きはできません。

●「マイケアノート」の作成

思うように意思表示できなくなったときに備えて、「これを読めば私のことがよくわかる」というノートを作成しておくことをおすすめします。家族やケアマネジャーに読んでもらえれば、自分のことを理解してもらえますし、快適な介護生活につながります。巻末の付録を参考に自分らしい「マイケアノート」を作成してみましょう。作成したらそれっきりにするのではなく、思いつくたびに書き足していくとよいでしょう。

文字だけでなく写真を入れてみたり、動画で作ってみるのもよいでしょう。

コラム

「おひとりさま」の身元保証サービスに注意

配偶者に先立たれた人や離婚した人も含め、同居する家族がいない「おひとりさま高齢者」が増えています。そこで大きな社会問題になっているのが「身元保証人」問題です。

身元保証人は、住居を借りるとき、介護施設に入るとき、入院・手術をするときなど、歳をとってから要求される機会が増えます。万が一の支払い滞納や、死亡後の家財の整理、遺体の引き取りの際の対応に備えるためです。

頼りにできる身内がいない場合は、どうなるか。そこで最近増えているのが、「身元保証サービス」。施設への入居、病院の入院、葬儀や埋葬のほか、日常の生活支援などのサービスを請け負ってくれます。しかし、高額な費用や途中解約時の違約金請求など、トラブルも多く、注意が必要です。契約前に、次のような点を確認しましょう。

- 中途解約の際の返金額
- 一つひとつのサービスの内訳
- 死後サービスの預託金の保全措置
- サービスの提供について第三者のチェックの仕組み

そもそも、身元保証人は法律的には必須というわけではありません。病院や施設によっては、保証人がなくても入所や入院ができるところがあります。

第3章

押さえておきたい介護保険サービスの基本

介護保険サービスを利用するための手続き

介護保険は、65歳以上で介護か日常生活の支援が必要になった、被保険者（あるいは特定の疾病を患った40～64歳の被保険者）がサービスを受けられる制度。利用するまでの流れは次のとおり。

①要介護認定を申請する

介護保険サービスを受ける人が住んでいる市区町村の介護保険担当課または地域包括支援センターで、要介護認定の申請をします。

②要介護・要支援認定を受ける

市区町村から「訪問調査員」が派遣され、要介護者の自宅（入院中なら病院）にて、本人や家族から心身の状況などについて、約1時間程度の聞き取り調査（訪問調査）を行います。

市区町村の依頼で、主治医が心身の状況についての「意見書」を作成します。この意見書と訪問調査の結果をもとに「一次判定」が行われます。

その結果を受けて、保健・医療・福祉の専門家によって「要介護度」が決定され、市区町村から要介護状態区分（8段階）の通知が来ます。申請からこの連絡までに要する期間は、原則30日以内。なお、サービスの限度額は、要介護度別に決められます。

③ケアマネジャーがケアプランを作成する

「要介護」と認定されたら、在宅で介護保険サービスを利用する場合は、ケアプランの作成を居宅介護支援事業者（ケアマネジャーを配置している事業所）に依頼することになります。事業所は地域包括支援センターで紹介をしてもらえます。

特養や老健などに入所する場合は、施設のケアマネジャーが施設ケアプランを作成します。なお「要支援」と認定されたら、地域包括支援センターが介護予防ケアプランを作ります。

④サービス利用の開始

ケアプランの内容に沿って、訪問介護やデイサービスなど利用するサービスごとに事業者と契約したのち、サービスの提供が始まります。

介護保険サービス利用までの流れ

［ 市町村窓口・地域包括支援センターに相談 ］
状況によっては基本チェックリスト（※）の記載を求められます。

↓

［ 要介護認定の申請書を記入 ］

↓

［ 市区町村窓口・地域包括支援センターに提出 ］

↓

［ 訪問調査を受ける ］

↓

［ 一次判定（コンピュータによる） ］　［ 主治医の意見書 ］

↓

［ 二次判定（介護認定審査会による） ］

↓

［ 要介護状態区分の認定（申請から約1カ月後） ］

↓

非該当
市区町村による介護予防教室などの一般介護予防事業を利用できる

要支援1・2
市区町村による介護予防・生活支援サービスを利用できる（地域包括支援センターが窓口）

要介護1〜5
介護保険サービスを利用できる（ケアマネジャーが担当）

※基本チェックリストとは「バスや電車で一人で外出できるか」「階段や手すりを使わず昇れるか」など、本人の心身の状況を把握するための25項目の質問票。要支援認定となれば市区町村による介護予防・生活支援サービスを利用することができる。

要支援と要介護の区分とは？

要介護度は、軽い順に「非該当（自立）」「要支援1・2」「要介護1～5」の8段階に認定されます。これを、「要介護状態区分」といいます。

「非該当」となると、介護保険のサービスは利用できませんが、介護予防や生活支援を目的とした市区町村の介護予防・日常生活支援総合事業のサービスを受けることができます。

「要支援」とは、①日常生活で介護は必要ないが、家事や買い物など生活の一部に支援が必要な状態、②生活の一部に支援が必要だが、介護予防サービスを利用すれば維持・改善が見込まれる状態の2段階があります。


「要介護」とは、日常生活における入浴、排せつ、食事等で一部または全部について、常に介護が必要な状態です。

要介護状態区分に応じて、サービスを受けたときに介護保険から給付が受けられる「支給限度額」、つまりどのくらいサービスを利用できるかが決められます。

訪問調査では本人から聞き取りをします。注意したいことは、本当はできないのにプライドが邪魔をして「できます」とつい答えてしまうことがあること。実際の状態よりも軽度に認定されると、利用したいサービスが使えなくなることもあります。できれば状況がわかっている家族に立ち会ってもらい、客観的な情報を伝えてもらうようにしましょう。

要介護認定の認定期間は最長36カ月となっています。もちろん有効期間内に心身の状態が変化した場合は、要介護度の区分変更申請ができます。

要介護状態の目安

要介護度区分	身体の状態
要支援1	日常生活で介護は必要ないが、家事や買い物など生活の一部に支援が必要 （支給限度額：50,320円／月）
要支援2	生活の一部に支援が必要だが、介護予防サービスを利用すれば維持・改善が見込まれる （支給限度額：105,310円／月）
要介護1	立ち上がりや歩行などに不安定さがある。排せつや入浴などに一部介助が必要 （支給限度額：167,650円／月）
要介護2	立ち上がりや歩行などが自力では難しく、排せつや入浴などに一部または多くの介助が必要 （支給限度額：197,050円／月）
要介護3	立ち上がりや歩行などが自力ではできない。排せつや入浴、衣服の着脱などで多くの介助が必要 （支給限度額：270,480円／月）
要介護4	介護なしに日常生活を送れない。排せつや入浴、衣服の着脱などで全面的な介助が必要 （支給限度額：309,380円／月）
要介護5	日常生活のほぼ全てについて全介助が必要で、意思伝達も困難 （支給限度額：362,170円／月）

ケアプラン作りとケアマネジャー選びの勘所

自宅で介護保険サービスを利用するために、「ケアプラン」（居宅サービス計画）の作成が必要になります。ケアプランとは、利用者・家族の生活の意向に基づき、自立（自律）した生活を実現するために、どのように介護保険サービスや医療などを利用するかを見える化した計画表のことです。つまり「自分らしい介護生活を送るための大切な設計図」です。ケアマネジャー（以下「ケアマネ」）と一緒になって作ります。

ケアマネは、介護福祉士や看護師、社会福祉士などの国家資格を持っていて、利用者（家族）の暮らしを支えるためのケアが受けられるよう支援します。「しあわせ介護計画」の実現には、あなたの思いや家族の事情を理解し尊重してくれる事業所とケアマネとの出会いが大切です。探すときの勘所を紹介します。

●家から近い

ケアマネの訪問は月1回が原則です。近くだとこまめに足を運んでもらえることが期待できます。

●ケアマネが3人以上いる

いざというときにチームで対応してくれ、担当ケアマネの変更希望も可能です。

●ベテランのケアマネがいる

ケアマネの中でも「主任ケアマネジャー」の資格を持っている人は、5年以上のケアマネ歴があり、現場経験が豊かで信頼できます。

●「特定事業所加算」を受けている

実施・提供しているケアマネジメントの質が高いと認められた居宅介護支援事業所に、一定の単位数を加算する制度のこと。加算を受けている事業所では、24時間対応してくれるので安心です。

ケアプランが作られるまで

1 事業所への依頼

要介護認定の結果と一緒に送られてくる、「居宅介護支援事業所リスト」の中から事業所を選び、契約をする。

2 ケアマネとの情報共有

家族構成や既往歴などの必要事項以外にも、自分の性格や仕事歴、生活習慣、食事の好み、家族の状況（どこまで介護に関われるか）などを、積極的に伝えることが大切です。

3 原案の作成

ケアマネが聞き取った情報を分析・評価（アセスメント）して、ケアプランの原案を作成します。

4 サービス担当者会議の開催

利用者（家族）の同席のもとサービスを担当する事業所の人たちを招集して、ケアプランの原案を検討します。

5 確定プランの作成

検討後に修正したケアプランを本人・家族に説明して、同意を得られたら確定プランとなります。

6 サービス事業者との調整

確定ケアプランに基づいて各サービス事業者は個別のサービス計画を作成します。それからサービスの提供が開始されます。

介護保険サービスと介護保険外のサービス

ケアプランには、介護保険サービスだけでなく、自分や家族、地域のボランティアが行うこと、さらに介護保険外サービスや医療サービスなどが盛り込まれます。ここでは、自宅での介護生活で使える主な介護保険サービスと、介護保険外サービスの一部を紹介します。

●自宅での介護生活で使える介護保険サービス

自宅などで生活しながら利用できる「居宅サービス」。現在（2020年5月）、訪問系（訪問介護、訪問入浴、訪問看護、訪問リハビリなど）と通い系（デイサービス、デイケア）、お泊り系（ショートステイ）、ほかに福祉用具レンタル、住宅改修といったサービスがあります。

住民票がある市区町村で受けられるのが「地域密着型サービス」です。認知症対応型グループホーム（入所型）や小規模多機能型居宅介護、小規模特養があります。

以上は、基本的に自宅で介護を受ける際に使えるサービスですが、実はここでいう「自宅」には幅があります。ここ数年急増しているのが、住宅及び自室を「自宅」とみなす住宅型有料老人ホームとサービス付き高齢者向け住宅です。介護保険施設に入所すると自由に介護サービスを選べませんが、この2つは外部の介護サービスを選べるので、事業所の変更や利用回数の調整も自由にできます。

メリット・デメリットをよく検討して、あなたに合った暮らしを選びたいですね。

①訪問介護

ホームヘルパーが自宅を訪問して「暮らしにかかわるサービス」を提供するのが訪問介護サービス。サービス内容は、「身体介護」と「生活援助」と「乗車・降車の介助」の3種類があり、利用料はサービス内容によって異なります。提供時間は20分未満から90分未満まであります。生活援助は子どもと同居している場合などは対象外となることもあります。

【身体介護】

食事、入浴、洗面、排せつ、着替え、体位変換など利用者の体に直接触れて行う介助やその準備・後片づけなど。

散髪や医療行為（たんの吸引は除く）や療養に関わるケアなどは対象外。

【生活援助】

居室の掃除、洗濯、食事の準備、調理、買い物、薬の受け取りなど。

植木の水やり、庭の草むしり、家具の移動、ペットの世話、預金の引き出し・預け入れ、利用者以外の家族のための家事などは対象外。

【乗車・降車の介助】

通院などに利用する介護タクシーへの介助、降車後の移動の介助、通院先での受診の手続きなど。

②デイサービス（通所介護）

自宅と施設の送迎付きサービスのこと。半日～一日を過ごし、レクリエーションをしたり、日常生活の支援を受けます。多くの人と触れ合えるので気分転換になります。介護者にとっても心身を休めたり、自分の時間（就労含む）を確保することができます。9時間までの利用が可能です。サービス内容は、次のとおり。

・食事の提供（必要に応じて介護職員がサポート）
・入浴の介助（必要に応じて介護職員がサポート）
・レクリエーション（利用者が好みのプログラムを選んで参加もできる）
・健康チェック（看護師が脈拍、体温、血圧などを測定し体調を確認）
・個別機能訓練（栄養改善、口腔機能向上（歯磨きの指導や飲み込みの訓練））

※食費やおむつ代などは利用者の自己負担となります。

③デイケア（通所リハビリテーション）

理学療法士や作業療法士、言語聴覚士などのリハビリ専門職と医師が配置された施設に通い、リハビリを行うサービス。一人ひとりの身体状態に合わせた計画を立て、医師の指示のもと、きめ細かなリハビリが受けられます。サービス内容は次のとおり。

・個別機能訓練（身体機能や口腔機能向上、生活機能及び認知機能の向上）
・食事の提供（必要に応じて介護職員がサポート）
・入浴の介助（必要に応じて介護職員がサポート）
・レクリエーションやリハビリトレーニング（各種のプログラムを選べる）

デイサービスに比べて、医療的なケアやリハビリの機能が充実しています。男性には、入浴や食事をしない「短時間リハビリ」（1時間以上2時間未満）が人気です。

※食費やおむつ代などは利用者の自己負担となります。

④訪問入浴介護

寝たきりなどで入浴を希望する人へのサービス。

介助がないと自宅の浴槽に入れない、寝たきりで通所介護に通えない、感染症のために通所介護のお風呂が使えない人が対象です。入浴設備や簡易浴槽を自宅に持ち込んで入浴の介助をしてもらえます。

⑤訪問看護

医師が必要と認めた場合に、自宅にいながら医療的なケアが受けられるサービス。要支援から要介護5の人が対象で、主に看護師や准看護師、保健師が担当しますが、理学療法士、作業療法士、言語聴覚士が訪問することもあります。サービスを受けるには、主治医の訪問看護指示書が必要。訪問看護を行う事業者には病院や医院併設の訪問看護ステーションや独立系の訪問看護ステーションがあります。サービス内容は次のとおり。

- 症状の観察(病気の悪化や再発の予防、体調の変化や異常の早期発見)
- 栄養面の管理(食事の介助やアドバイスを行い、栄養障害や脱水を予防)
- 診療の補助(床ずれの処置と予防、たんの吸引や経管栄養や点滴など)
- 衛生面のケア(入浴介助、清拭、排せつなどの援助)

⑥福祉用具

福祉用具を利用する目的には、①利用者が自宅で自立した生活ができるように援助するため、②家族などの介護者の介護負担を軽くするための2つがあります。

用具の種類によって「レンタル」か「購入費の支給」を受けられます。利用するにはケアマネジャーに相談し、ケアプラン内に盛り込む必要があります。

レンタルできる福祉用具は、車椅子、介護用ベッド、手すり、スロープ、歩行器、移動用リフト、自動排泄処理装置、徘徊探知機など13種類。要介護度に応じて利用できるものが決められています。費用の1~3割が利用者負担となります（レンタル費の平均は厚生労働省のHPで確認できます）。同じ福祉用具でもレンタル事業者によって料金設定は異なります。

　購入費の支給がある福祉用具は、ポータブルトイレ、シャワーチェア、入浴用補助用具（入浴用いす、浴槽用手すり、浴槽内椅子など）など5種類。購入するものについては、要介護度に関係なく「年間10万円」を支給上限とし、その1~3割が利用者負担となります。利用者がいったん立て替えて、あとで給付を受けます。福祉用具の価格も事業者によって異なるので複数の事業者を比較し、品質や価格を検討して購入するのがいいでしょう。

▼自宅で利用する主な福祉用具

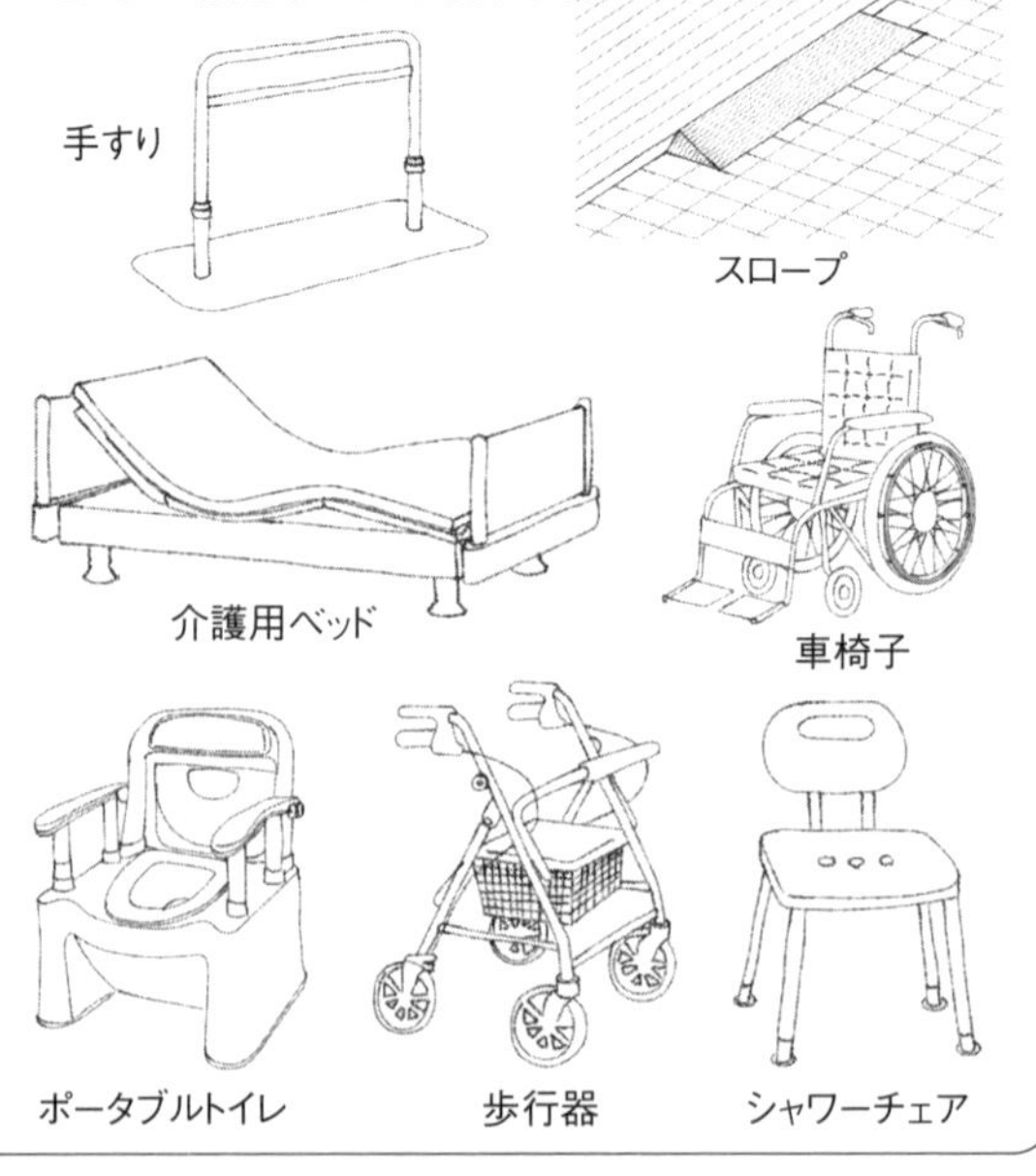

⑦住宅改修（バリアフリー化）

　日本の住居はバリアが多く、転倒などの家庭内事故も多発しています。つまずき予防（敷居の段差をなくす）、転倒・転落の予防（階段や廊下に手すりの設置)、ドアの開閉時の転倒予防(引き戸やアコーディオンカーテンへの変更)、立ち上がりの支援(トイレの手すり設置)、排泄時の足腰の負担解消(洋式便器への取り換え)など、住まいの危険を少なくするための改修費は介護保険から支給されます。要介護度に関係なく「20万円(上限)」を支給限度とし、その1～3割が利用者負担になります。市区町村により金額の上乗せ(補助)がある場合もあります。

ただし、要介護度が3段階アップや転居した場合は、20万円までの給付を再度受けられます。着工後の申請は不可で事前申請が必須。費用は利用者がいったん立て替えて、あとで給付を受けます。

【介護保険が適用される住宅改修】

- 手すりの取り付け(トイレ、浴室、洗面所、玄関、階段など)
- ドアノブの変更(丸型からレバー型へ)
- 段差や傾斜の解消(玄関、廊下、居間、トイレなど)
- 滑りにくい・移動しやすい床材への変更(階段、浴室、玄関まわりなど)
- 引き戸などへの扉の取り換えや扉の撤去(トイレ、浴室など)
- 洋式便器などへの便器の取り換え
- これらの改修に伴う改修(手すりやスロープ設置のための下地工事など)

▼介護保険が適用される主な住宅改修

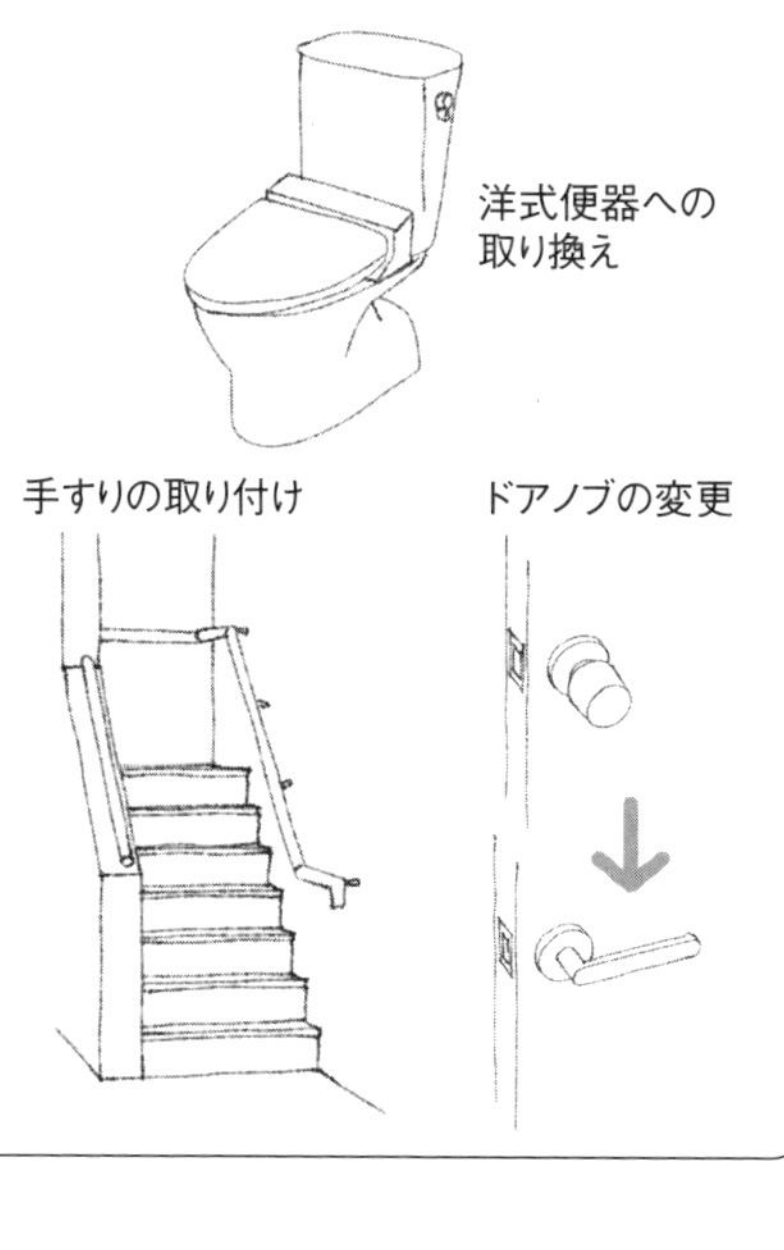

⑧短期入所生活介護・短期入所療養介護（ショートステイ）

在宅で介護する人の身体的・精神的負担を軽くするために、特養で主に生活面の介助を受ける「短期入所生活介護」と老健や病院などで主に医療的なケアを受ける「短期入所療養介護」の2種類があります。

期間は〝数日〜30日間〟が基本となっています。利用の目的には、家族が病気や仕事、冠婚葬祭などで介護できないなどが含まれます。

入浴や排泄、食事などの介助や機能訓練などを受けることができます。

利用料金は、要介護度や部屋の条件（個室、多床室）によって変わり、1〜3割が自己負担となります。また、食費や滞在費、日常生活費などは自己負担。料金は事業者によって異なります。

●自宅での介護生活に使える介護保険外サービス

介護保険外サービスには、自治体のほか様々な事業体が実施しています。市区町村が独自に実施しているサービスは「生きがい支援事業」「自立支援事業」などネーミングは様々。ほかに社会福祉協議会やシルバー人材センターも行っています。公的機関のサービスは低額で利用できるメリットがあります。

民間のサービスには、配食サービスや家事代行サービス（掃除、調理、洗濯など）まで消費者の高齢化に対応するサービスが生まれています。

介護保険外サービスの一部を、次の一覧表で紹介します。介護保険サービスとともに、うまく利用して、豊かな「しあわせ介護計画」を実現しましょう。

市区町村の介護保険外サービス（例）

事業例	事業内容
配食サービス	一人暮らしや高齢者だけの家庭へバランスのよい食事を提供する
家事支援サービス	地域ボランティアが、家庭内の整理整頓や買い物、電球の交換、草むしり、ゴミ出しなどの援助を低額で行う
移送・送迎サービス	病院やクリニックへの送迎を無料・有償で行ったり、福祉車両の貸し出しを行う
寝具の丸洗い・乾燥・消毒サービス	寝具の衛生管理が困難な人に丸洗いや乾燥、消毒を行う（費用の一部を自己負担）
電磁調理器の購入助成	ガス式の調理器では火災の心配がある高齢者が電磁調理器（電子レンジ）に取り換える購入費を助成する
訪問理美容サービス	外出困難な人に理髪店、美容院から訪問を行う（費用の目安：500～2,500円／回、年間回数に制限）
火災報知器の給付・取り付け	煙感知や熱感知式の住宅用火災報知器の取り付け
緊急通報システム	一人暮らしの高齢者に民間受信センターに通報する機器を貸与する（費用の目安：1,300円／月）
おむつサービス	現物を月1回自宅に配送、または購入費を助成する（費用の目安：上限6,000～10,000円／月）

介護サービス事業者の介護保険外サービス（例）

事業例	事業内容
介護保険では提供できない生活援助	家族の洗濯、調理、買い物、掃除などの家事全般、手間のかかる料理、大掃除など（費用の目安：3,000円／時間〈交通費込み〉）
介護保険では提供できない身体介護	入院中の世話、病院や介護施設等からの一時帰宅時の世話、冠婚葬祭や趣味などの外出の付き添い（費用の目安：利用料金はサービス内容により2,000～4,000円／時間）
小規模デイサービスのお泊りデイ	小規模デイサービスの利用者がそのまま宿泊する（費用の目安：1,500円前後／1泊＋朝夕食事代1,000円）

社会福祉協議会の介護保険外サービス（例）

事業例	事業内容
家事支援サービス	調理や掃除、買い物や洗濯、話し相手、趣味の手伝い、草むしりや大掃除など（費用の目安：800円／時間）
家事援助サービス	外出時の付き添い、見守り、車椅子の介助など（費用の目安：1,000円／時間）

シルバー人材センターの介護保険外サービス（例）

事業例	事業内容
福祉・家事支援サービス	掃除、家具移動、電球換え、庭木剪定、庭清掃、食事の支度、洗濯・布団干し、通院の付き添い、見守り、留守番・話し相手など（費用の目安：1,300円～／時間）

民間企業等の介護保険外サービス（例）

事業例	事業内容
配食サービス（宅配弁当）	コンビニ、生協、弁当チェーンなどが行う。治療食（塩分制限、カロリー制限、刻み食、ムース食）。手渡しによる安否確認（費用の目安：600～800円／1食）
家事代行サービス	清掃会社、警備会社、家事代行サービス会社などが参入。月1～複数回利用や単発利用も可能（費用の目安：2,500～3,500円／時間）
移送サービス	タクシー等による通院、買い物、観光、イベントへの送迎。緊急時対応なども可能（費用：時間運賃、貸切運賃、メーター運賃など）
旅行・外出支援サービス	墓参り、野球やサッカーの観戦、ミュージカルや演劇の観劇、コンサート、国内・海外旅行への付き添いなど
ペットケア	ペットシッターが要介護高齢者が飼うペットの世話（食事、トイレ清掃、散歩、グルーミング）などを行う

第4章

しあわせ介護の計画作り

しあわせ介護計画を実現するツール

ケアプランは、自分や家族が作成することもできますが、多くの場合、専門職であるケアマネジャーに作成を依頼することになります（⬇P103）。ただ、その場合でも、介護生活の主役は、あくまでもあなた自身。作成を丸投げするのではなく、自分らしい「しあわせ介護計画」を示すことが大切です。

この章では、しあわせ介護計画を実現するためのツール「セルフケアプラン」を作っていきます。いざ介護が必要になったとき、あなたが作っておいたセルフケアプランがあれば百人力。ケアマネジャーとケアチームで共有され、あなたの介護生活をしっかりと支えてくれます。

セルフケアプランをあらかじめ作っておくと、次のようなメリットがあります。

①要介護生活の先取りと予防ができる

多くの人は健康なまま人生を終えたいと願いますが、実際はほとんどの人が何らかの介護を3〜10年近く受けることになります。

老化が進むにつれてフレイル状態（⬇P91）が現れ、そこから転倒による骨折や排泄機能の低下、認知症、持病の重度化などにより要介護生活が始まります。

セルフケアプランがあれば、要介護生活のイメージができます。そして予防のために何に取り組めばよいか、暮らしぶりの予想を立てて、事前の準備と心構えができます。

②自分の思いや希望を示しておける

要介護となり、心身機能が低下した状態で、いきなり自分らしい介護生活を考えようと思っても、なかなか難しいものです。また、言語障害や認知機能の低下が進むと、言葉にできなくなることもあります。人によっては、周囲への遠慮などから自分の思いや希望を示しづらくなることもあるでしょう。だからこそ、セルフケアプランであらかじめ自分が望む「しあわせ介護計画」を示しておきましょう。

③子どもに頼らないための準備が始められる

第2章でも取り上げたとおり、しあわせ介護計画を実現するには、次のような準備をあらかじめやっておくかどうかが分かれ目になります。

- 支え合う環境の準備(お互いさまの友人・知人・近所・近隣関係、相談相手、ボランティアなど)
- 住環境の準備(バリアフリー、インターネット環境、防犯対策、災害対策など)
- 近隣環境の準備(なじみのスーパー・商店・薬局・クリニックなど)
- 経済的な準備(生活費、通信費、交際費、医療・介護費用など)
- 楽しめる環境の準備(なじみの店、趣味などの話し相手、友人・知人、映画・観劇など)

要介護状態を想定してセルフケアプランを作ってみよう

セルフケアプラン作りには、まずは要介護状態になった自分の姿をイメージすること、そしてケアプラン第1・2・3表の目的と要素を理解することです（詳しいポイントは⬇P122〜127）。これを押さえれば、ケアマネジャーが作成するケアプランも理解しやすくなりケアプラン作りに参加や提案ができるようになります。

①要介護となる「状況」をイメージする

まず要介護となる状況をイメージしましょう。

要介護となる4大原因は「脳血管疾患・認知症・関節疾患・老衰」です。これらに呼吸器障害、視覚・聴覚障害、高血圧、糖尿病、腎臓疾患、心疾患、がん、転倒・骨折などが複合的に影響します。

自分の家系や今の持病、体調からどのような要因で要介護となるのかを設定します。要介護度の状態像（⬇P105）を参考に決めます。

②要介護になって何が「障害」になりそうか

要介護になると、生活環境が大きく変わります。生活習慣やこだわり、居住環境、近隣の環境などを見直すこともあるでしょう。どのように環境を整備したらいいか考えてみましょう。

③自分の「しあわせ介護生活」をイメージする

ケアプラン第1表は、あなたの「意向（願い）」を見える化するものです。次の項目で整理します。

- どのような暮らしを送りたいのか
- どのような心身の機能になりたいか
- 誰といつ、どのような場で会いたいか
- どのようなことで役に立ちたいか

④「願い」のために何にどのように取り組むか

ケアプラン第2表は、あなたの願い実現のための課題（ゴール）と目標（目安）と内容（段取り）を見える化した計画シートです。

⑤「しあわせ介護計画」を週間スケジュールにする

ケアプラン第3表は、第2表の内容を一週間に整理したもの。介護サービスだけでなく、自分の趣味の時間などもしっかりと盛り込みます。介護サービスを利用しない自分の生活の時間も第2章の要素を参考に考えてみましょう。

P128からは、「しあわせ介護計画」を準備したい50～60代の5人を要介護ごとに想定し、どのようなセルフケアプランになるのかをお見せします。とくにそれぞれが望む暮らしや生きがいに着目し、シミュレーションしました。添削はケアプランアドバイザー（主任介護支援専門員、社会福祉士・奥田亜由子）が行います。

支援方針（居宅サービス計画1）

第1表

認定の有効期間　令和○年○月○日～令和○年○月○日

要介護認定期間のこと。1年～3年間まであります。

要介護3・要介護4・要介護5

いまどのような不安や体調を抱えていて、これから自分なりにどのような暮らしを送りたいのか、自分の願いや希望、自分なりにがんばりたいことなどを書きます。

※事例内の赤字は、ケアプランアドバイザーからのコメントやアドバイスです。セルフケアプラン作成の勘所が掴めます。

認定審査会からサービス提供時や日常生活で特に注意してほしい点などが記載されてくることがあります。
※事例はセルフケアプランのため省略します。

ケアチームの方針が記載される欄。利用者の心身機能の改善や利用者（家族）の暮らしをどのように支えていくのか、第2表の内容をどのように取り組んでいくのかが記載されます（事例では、本人の意向を踏まえた方針をサンプルとして記載します。）。

緊急連絡先（家族、親族）を表記する場合もあります。

障害、疾病等　3. その他(　　　　　　　　　　)

※以下のシートは居宅サービス計画第1・2・3表をもとに、セルフケアプラン用に筆者が作成したものです。

私の願い・家族の願い・

要介護状態区分は心身機能の低下や改善で変わります。その際は再調査で「区分変更」となります。

認定日　令和○年○月○日

要介護状態区分	要介護1・要介護2・
利用者及び家族の生活に対する意向	本人(　　歳): 家族(　　　　歳):
介護認定審査会の意見及びサービスの種類の指定	
総合的な援助の方針	
生活援助中心型の算定理由	1. 一人暮らし　2. 家族等が

続柄、名前、年齢を記載します。
※事例はセルフケアプランのため省略します。

主たる介護者となる家族の意向で複数の場合もあります。家族としての不安や悩み、これからの思いや関わり方(介護、安否確認、話し相手など)が記載されます。
※事例はセルフケアプランのため省略します。

生活援助(例:料理、洗濯、掃除など)のみの目的で介護サービスを利用する場合にチェックがされます。

シート(居宅サービス計画2)

第2表

援助内容					
サービス内容	※1	サービス種別	※2	頻度	期間

短期目標を達成するために取り組む内容を表記します。
・本人
・家族(配偶者・子・孫など)
・介護サービス
・医療サービス
・地域(町内会など)
・介護保険外サービス
(➡P115参照)
・ボランティア

介護保険の給付上の「種別」を表記します。
例)訪問介護、通所介護、訪問看護など
なお、本人や家族が行う場合は、「本人」「妻」などと記載します。

月内の利用頻度(目安)を表記します。
例)週○回、月○回、毎日、随時、適時

介護サービス事業所やクリニック、薬局などの具体的な名称を表記します。
例)デイサービス青い鳥
※本書では省略します。

介護保険の給付対象かどうか(◎)を表記します。

長期目標の期間を表記します。
※通常のケアプランでは「令和○年○月○日〜○月○日」のように記載しますが、本書では「○カ月」と表記します。

私の暮らし・願い改善

生活全般の解決すべき課題(ニーズ)	目標			
	長期目標	期間	短期目標	期間

本人(家族)やケアチームが目指す「望む暮らし」を課題として3～5つ表記します。以下の種類があります。

- 暮らし(食事、入浴、買い物、散歩など)
- 健康(病気治療、障害、服薬、通院など)
- 願い(出会い、楽しみ、癒しなど)
- 役割(家族、親族、地域、仕事など)
- その他

課題を実現するために長期で達成を目指す目標(6カ月～12カ月)を表記します。

※通常のケアプランでは「令和○年○月○日～○月○日」のように記載しますが、本書では「○カ月」と表記します。

課題を実現するために短期で達成を目指す目標(3カ月～6カ月)を表記します。

※通常のケアプランでは「令和○年○月○日～○月○日」のように記載しますが、本書では「○カ月」と表記します。

（居宅サービス計画3）

第3表

金	土	日	主な日常生活上の活動

1日の主な生活の流れ（起床～就寝）を表記します。

1週間のスケジュール表です。

私の一週間

		月	火	水	木	
深夜	4:00					
早朝	6:00					
午前	8:00					
	10:00					
午後	12:00					
	14:00					
	16:00					
夜間	18:00					
	20:00					
深夜	22:00					
	24:00					
	2:00					
	4:00					

次の項目を参考に
1週間を組み立ててみましょう。

・起床、朝食、体操、散歩、昼食、夕食、テレビなど
・お楽しみの時間（趣味、おしゃべり、お出かけなど）
・家族の時間（介護、話し相手、電話など）
・暮らしのこと（買い物、料理、洗濯、掃除など）
・介護サービス（訪問介護、通所介護、訪問看護など）
・医療（通院、リハビリ、マッサージなど）
・その他

週単位以外のサービス	

隔週の通院や不定期の通院やマッサージ、継続利用の福祉用具（介護ベッド、ポータブルトイレなど）、ショートステイなどを表記します。

要介護1

童謡コーラスと月2回のホームパーティーでリア充の78歳の私

咲恵さん（63歳）

●生活歴・性格・職業歴

岩手県R市出身。5人きょうだいの長女で育った私は、子どもの頃から明るくおしゃべり。中学・高校は合唱部で活躍。高校卒業後、地元の信用金庫に就職しました。

23歳で5歳年上の夫と社内結婚し、娘を2人出産。10年間は社宅住まいでしたが、その後、市内に一軒家を建て、長年生活してきました。

夫は、52歳でくも膜下出血で他界。翌年からデパートの総菜売り場でパートで働いてきました。

誰とでも仲良くなれる性格で、友だちは多い方です。少しマイペースなところがあります。

●得意なコト・苦手なコト

・料理は料理教室で先生役を任されるほどの腕前。
・掃除と整理整頓は今も苦手です。

●生活習慣など

・元々は早寝早起き。

●趣味・楽しみ・こだわり

・童謡コーラスさくらんぼに参加。年1回の秋のコンサートは90歳まで続けたいです。
・いつか洋裁を習い、手作りドレスを作りたい。
・ホームパーティーを開いてワイワイ楽しみたいです。

●疾患歴

・52歳のとき乳がんが発覚。右乳房切除手術をしました。
・60歳のとき慢性心不全と診断。
・高血圧・頻尿があります。

要介護となった78歳の私

〈要介護1〉

咲恵さん（78歳）

◎ふらつきから、階段を転がり落ち、救急搬送。
◎右上肢と右大腿骨頸部骨折で、緊急手術。1カ月入院後にリハビリ病院に1カ月入院してから、自宅に退院。
◎長く立つことができず、ふらつくことも多い。
◎転倒するのが恐いので、外出しづらい。
◎膀胱炎のため頻尿でトイレが近い。

しあわせ介護シミュレーション

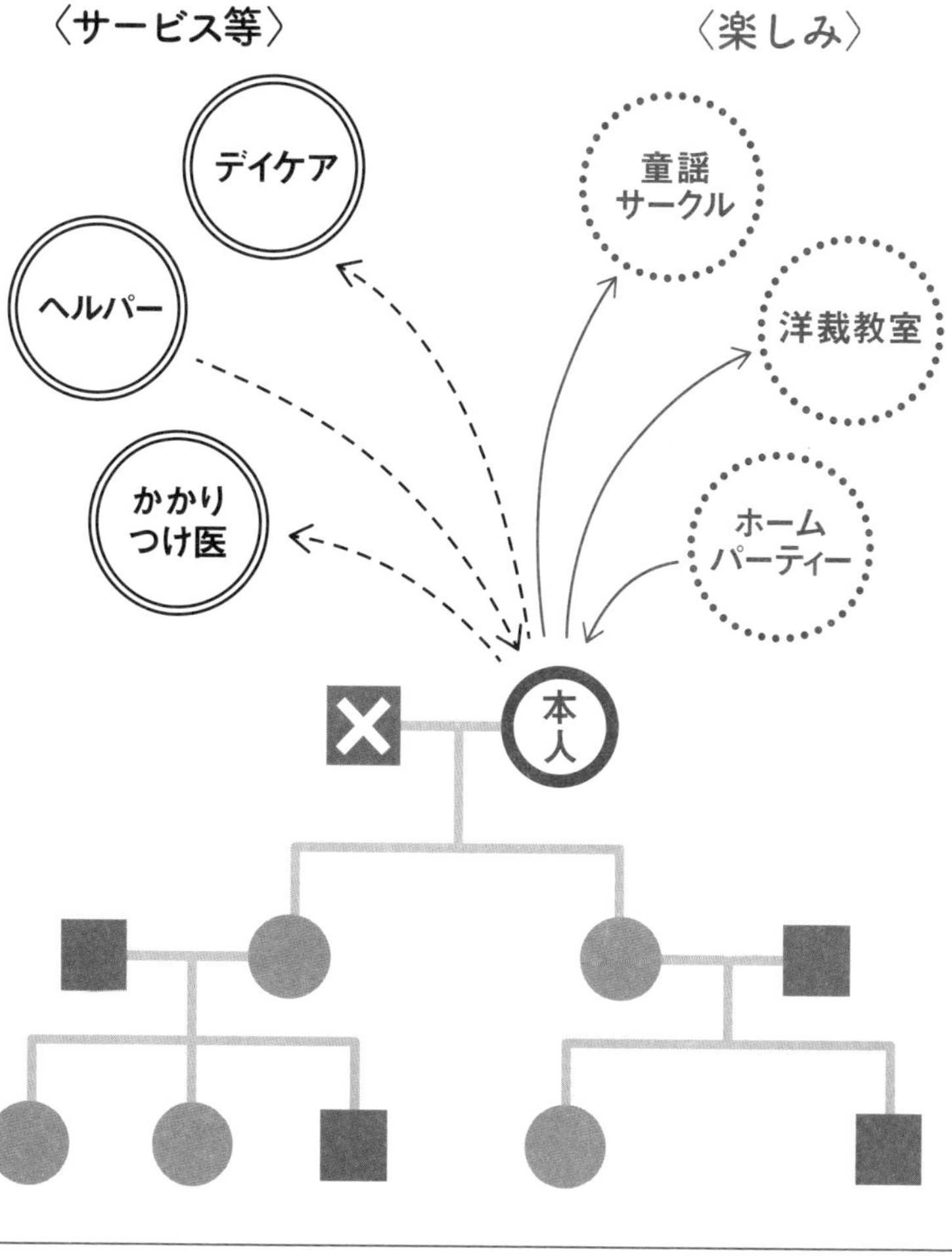

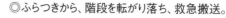

支援方針（居宅サービス計画1）

第1表

認定の有効期間　令和○年○月○日～令和○年○月○日

要介護3・要介護4・要介護5

は痛いですね。なんとか自分で食事とか家事はこな
90歳までは毎年、童謡サークル「さくらんぼ」の秋のコ
ています。まずは1年後のコンサートに参加するコトを
りのドレスも作れるようになりたい。

新しいことへの
チャレンジ、いいですね！

る前は童謡サークルなどにも参加され、とても活発な生
私たちケアチームは大腿部頸部骨折後のリハビリを継
低栄養と骨粗鬆症の対策を主治医の先生と栄養士か
ていきます。90歳まで童謡サークルのコンサートに参加
きましょう。ケアチーム一同、応援します。

障害、疾病等　3. その他（　　　　　　　　　　　　　　）

要介護1
78歳の咲恵さん

私の願い・家族の願い・

認定日　令和○年○月○日

要介護状態区分	要介護1・要介護2・
利用者及び 家族の生活に 対する意向	本人(78歳):立つとき せています。私の願いは ンサートに出たいと思っ 目標にしたいです。手作 ステキな願いですネ!
介護認定審査会の意見及び サービスの種類の指定	省略
総合的な 援助の方針	咲恵さんは要介護1にな 活を送られてきています。 続的に支援するとともに ら指導を受けて支援をし できるようにがんばってい
生活援助中心型の 算定理由	1. 一人暮らし　2. 家族等が

シート(居宅サービス計画2)

第2表

心不全と高血圧にも留意しましょう

送迎をしてもらいましょう。

援助内容					
サービス内容	※1	サービス種別	※2	頻度	期間
①1日朝夕屈伸運動をする ②リハビリに取り組む ③3食食べて体力をつける ④サークルに毎週参加する	◎	①自分 ②デイケア ③自分 ④サークルメンバー	略	①毎日 ②週2回 ③毎日 ④週1回	6カ月
①尿失禁トレーニングをする ②公衆トイレMapを作る ③服薬で体調を整える		①自分 A医院 ②自分 ③B薬剤		①随時 隔週 ②週1回 ③毎日	6カ月
①仮縫いの動作や道具(ハサミ、針、型紙)ができるようになる ②洋裁教室でドレスのデッサンをする	◎	①自分 デイケア ②洋裁教室	略	①週2回 ②週1回	8カ月
①包丁や鍋など料理道具を扱う練習をする ②切る、こねる、まぜるなどの練習をする ③料理を作る	◎	①デイケア ②デイケア ③友人	略	①②週2回 ③随時	6カ月
①下半身のバランスがとれる筋力トレーニングをする ②自宅で屈伸運動をする	◎	①デイケア ②自分	略	①週2回 ②毎日	6カ月
①ヘルパーが掃除・整理整頓を行い、自分も手伝う ②掃除や整理整頓が上達する本を読み、実践してみる ③パーティーの飾り付けをする	◎	①訪問介護 ②自分 ③友人	略	①週2回 ②随時 ③随時	6カ月

危ない道具の使い方はリハビリ職に指導を受けましょう

手首、腕の筋力UP!! ^o^

手伝うことで学べますヨネ!

要介護1

78歳の咲恵さん

私の暮らし・願い改善

生活全般の解決すべき課題(ニーズ)	目標			
	長期目標	期間	短期目標	期間
童謡サークル「さくらんぼ」に参加して歌を歌い続ける	童謡サークル「さくらんぼ」の秋のコンサートに参加して歌う	6カ月	•300m先の山下公園まで1日2回散歩をする •サークルで歌の練習をする	3カ月
			トイレを気にせずに外出ができるようになる	3カ月
	ステージのドレスを自前で1着は作れる	8カ月	洋裁教室に通って仮縫いができるようになる	5カ月
月2回は得意の料理を振る舞うホームパーティーを開いて、友人たちとワイワイ楽しくおしゃべりしたい	5品目の料理のレシピが作れるようになる	6カ月	•包丁や鍋が安全に扱えるようになる。 •友人と料理を作る	3カ月
			30分程度は疲れずに立ち仕事ができるようになる	3カ月
	クリスマスパーティーをする	6カ月	月2回はリビングをパーティー風に飾る	3カ月

公園の名前が入っているのがいいです。

めざせ90歳^口^!

ガンバリましょう

トイレが近いのは困りますね

楽しみですね!

和洋中が書かれていると いいですね

目に浮かびます^v^

（居宅サービス計画3）

第3表

金	土	日	主な日常生活上の活動
起床	起床	起床	起床
朝食	朝食	朝食	朝食
自分リハビリ	自分リハビリ	自分リハビリ	自分リハビリ
	SNS		SNS
↑	訪問介護		
デイケア	昼食	昼食	昼食
	↑	○	何もしない日も大切ですね。
	ガーデニング		
↓	↓		
自分リハビリ	自分リハビリ	自分リハビリ	自分リハビリ
夕食	夕食	夕食	夕食
			配信動画鑑賞　何を観るんですか？^^;
お風呂	お風呂	お風呂	お風呂
就寝	就寝	就寝	就寝
夜間トイレ	夜間トイレ	夜間トイレ	夜間トイレ
			夜間は暗いので転倒に注意!!

（痛みがある時）← 主治医の先生にも相談しておきましょう。
護用ベッド

要介護1
78歳の咲恵さん

私の一週間

	時刻	月	火	水	木
深夜	4:00				
早朝	6:00	起床	起床	起床	起床
		朝食	朝食	朝食	朝食
午前	8:00	自分リハビリ	自分リハビリ	自分リハビリ	自分リハビリ
		SNS（これは楽しい!!! サスガ!!）		SNS	
	10:00	↕ ブログ執筆	↕ デイケア	訪問介護	↕ 合唱サークル
		↕ ブログ執筆	↕ デイケア		↕ 合唱サークル
午後	12:00	昼食	↕ デイケア	昼食	昼食（終わってからは一緒にランチですね!）
		↕ 図書館	↕ デイケア	↕ 洋裁教室	
	14:00	↕ 図書館	↕ デイケア	↕ 洋裁教室	
		↕ 図書館	↕ デイケア		
	16:00	↕ 図書館			
		自分リハビリ	自分リハビリ	自分リハビリ	自分リハビリ
夜間	18:00				
		夕食	夕食	夕食	夕食
	20:00				
		お風呂	お風呂	お風呂	お風呂
深夜	22:00	就寝	就寝	就寝	就寝
	24:00	夜間トイレ	夜間トイレ	夜間トイレ	夜間トイレ
	2:00				
	4:00				

週単位以外のサービス	A医院…隔週の通院　C鍼治療院… 随時 福祉用具貸与…玄関手すり、浴槽手すり、介

要介護
2

趣味の菊作りを生かして いきいきボランティアに励む81歳の私

信一さん（71歳）

●生活歴・性格・職業歴

神奈川県O市で生まれ育ち、18歳で板前の修業。24歳で結婚し、両親の豆腐屋を継ぐ。若い頃から商店街組合の盛り上げ役やＰＴＡ役員などの地域活動に熱心でした。50代で大型店舗の影響と腰痛を発症したことで豆腐屋からコンビニに転業。

子どもは３人。長男、次男にドイツ暮らしの長女で、介護はあてにしていません。

７年前に妻の介護のためコンビニを閉めました。２年間介護したのち他界し、今は一人暮らしです。

●得意なコト・苦手なコト

・盛り上げ役が好きで多趣味。大学時代はモテたくてフォークグループを作ったりもしました。

・明るいのが取り柄ですが、飽きっぽく短気なところも……。

●生活習慣など

・食事は一日2回、簡単な食事をしている程度です。

・毎日、野球中継を見ながらの晩酌は欠かせません。

●趣味・楽しみ・こだわり

・カラオケ好きで、フォークから演歌までなんでも歌えます。「○○商店街の吉幾三」なんて言われます。

・野球は30年歴のヤクルトファン。

・菊作りは賞を獲得する腕前です。その腕を見込まれ50代からA公園の美化ボランティアをやっています。

●疾患歴

・66歳で糖尿病、高血圧の診断を受け、今も服薬しています。

要介護となった81歳の私

〈要介護2〉

信一さん（81歳）

◎脳梗塞で、救急搬送され、緊急手術。
◎1カ月の入院後、老健に2カ月入所してリハビリに取り組む。
◎要介護2の認定を受ける。
◎右半身の麻痺は残るが、移動もトイレも何とかできる状態で、自宅での生活に戻る。

しあわせ介護シミュレーション

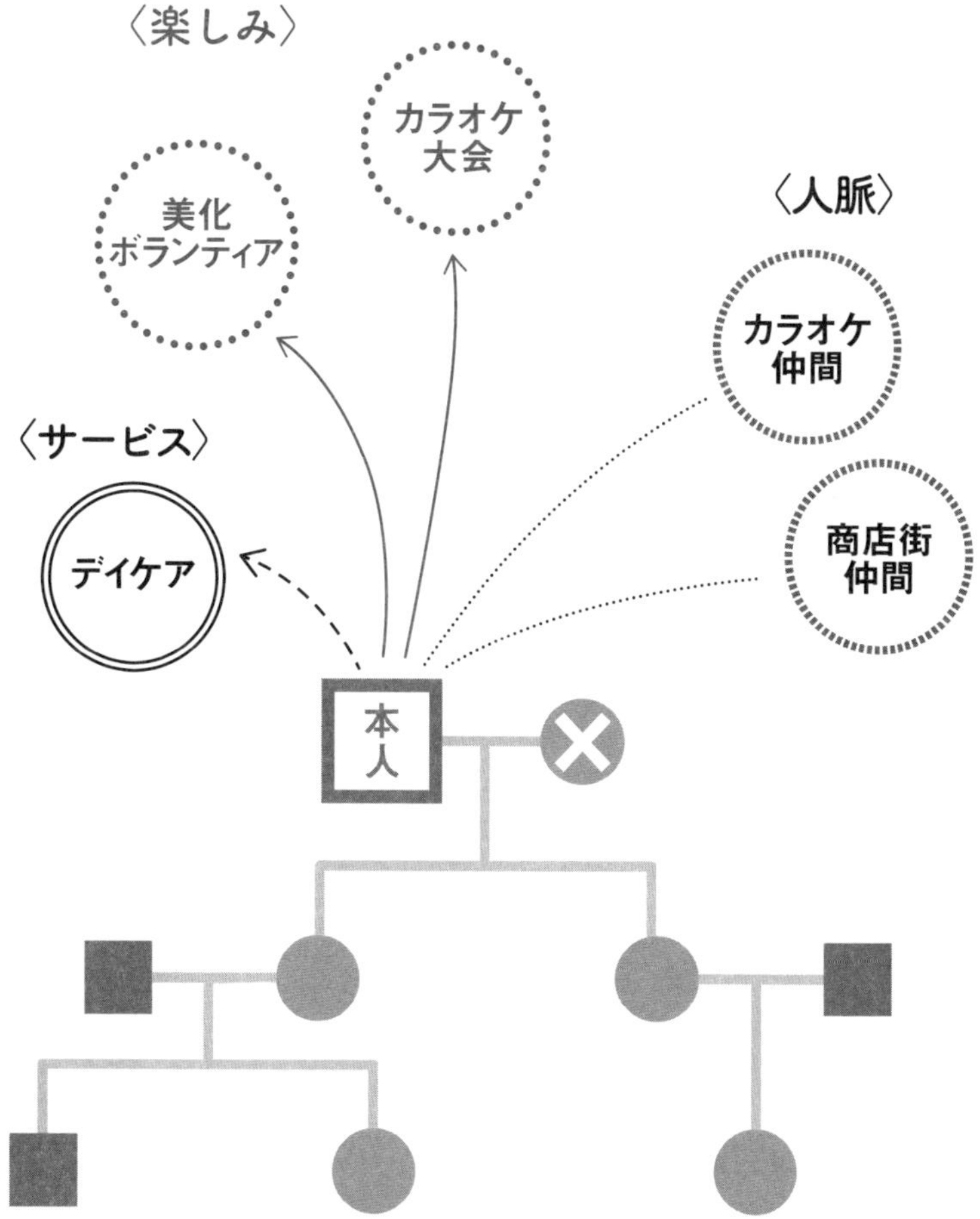

支援方針（居宅サービス計画1）

第1表

認定の有効期間　令和○年○月○日～令和○年○月○日

要介護3・要介護4・要介護5

梗塞になるとは思わなかったです。一人暮らしで不安

合いがたくさんいるB商店街に住み続けたいです。口

ビリを兼ねてカラオケは続け、趣味の菊作りとA公園

域のためにも続けていきたいです。

社会貢献は生きがいになりますよね。good!!です

思えないほどに積極的に一人暮らしにチャレンジされよ

思います。B商店街の吉幾三として毎年行われるカラオ

に、ケアチーム一同、応援します。そして菊作りの名人

公園の美化ボランティアとして生かされたいこともすば

び脳梗塞とならないように体調を管理し、道具も安全に

りの先生とも協力して応援していきましょう。

障害、疾病等　3. その他（　　　　　　　　　　　　　　　　）

要介護2

81歳の信一さん

私の願い・家族の願い・

認定日　令和◯年◯月◯日

要介護状態区分	要介護1・要介護2・
利用者及び家族の生活に対する意向	本人（81歳）：自分が脳 はありますが、やはり知り の麻痺が残るため、リハ の美化ボランティアも地
介護認定審査会の意見及びサービスの種類の指定	省略
総合的な援助の方針	信一さんは要介護2とは うとする点はすばらしいと ケ大会に参加できるよう でもあり、その腕前をA らしいと思います。ふたた 使いこなせるようにリハビ
生活援助中心型の算定理由	1. 一人暮らし　2. 家族等が

シート（居宅サービス計画2）

第2表

歩くリハビリもあるといいですね！

援助内容					
サービス内容	※1	サービス種別	※2	頻度	期間
①両手の握力トレーニング ②デイケアで麻痺側の腕の可動域訓練を行う ③3食食べて体力をつける	◎	①自分 ②デイケア ③自分	略	①随時 ②週2回 ③随時	6カ月
①剪定ハサミが使えるようになる ②ハサミの扱いに必要な握力トレーニングをする	◎	①自分 ②デイケア 作業療法士	略	①毎日2回 ②週2回	6カ月
①作業着を一人で着替えられるように練習する ②いろんな服の着替えができるトレーニングを行う	◎	①自分 ②デイケア 作業療法士 生活動作のリハビリの専門職です	略	①毎日1回 ②週2回	8カ月
①歌詞を覚えるために書き取りを行う ②50音の声出しトレーニングをする	◎	①自分 ②デイケア 言語聴覚士 言語リハビリの専門職です	略	①毎日1回 ②週2回	6カ月
①基本のサビの振り付けを動画で覚える ②サビの振り付けを入れたリハビリ体操を行う	◎	①自分 ②デイケア	略	①毎日1回 ②週2回	6カ月
①ライブの情報を調べる ②杖を使って5分間以上歩く練習をする	◎	①自分 ②デイケア 理学療法士 身体機能リハビリの専門職です	略	①随時 ②週2回	6カ月

要介護2
81歳の信一さん

私の暮らし・願い改善

生活全般の解決すべき課題(ニーズ)	目標			
	長期目標	期間	短期目標	期間
週1回はA公園の美化ボランティアに参加できるようになる	花壇にきれいな花を咲かせる	6カ月	椅子に座っての作業ができるようになる(雑草の引き抜き)	3カ月
			花や枝の簡単な剪定ができるようになる	3カ月
	作業カートで500m先のA公園まで往復できるようになる。	8カ月	一人で作業着に着替えられるようになる。	5カ月
歌と振り付けを合わせて歌えるようになる	8月のB商店街のカラオケ大会に純烈の「プロポーズ」を振り付け付きで歌い、敢闘賞を狙う	6カ月	歌詞が滑らかに歌えるようになる	3カ月
			マイクを支えにサビの振り付けを踊れるようになる	3カ月
	純烈のライブに行く	6カ月	C健康ランドに行きゆっくり過ごす	3カ月

まずは座ってできることから!

社会貢献はイイですね!

水やりや散水から始めるのもいいかも?

カートは転倒防止に役立ちます。

糖尿病と高血圧のコントロールも目標に位置づけましょう

マツケンサンバもいいかも?

（居宅サービス計画3）

第3表

金	土	日	主な日常生活上の活動
起床	起床	起床	起床
朝食	朝食	朝食	朝食
自分リハビリ	自分リハビリ	自分リハビリ	自分リハビリ
菊作り 花作り			
	カラオケ教室（昼食会含む）	昼食	昼食
昼食			
自分リハビリ	自分リハビリ	自分リハビリ	自分リハビリ
夕食	夕食	夕食	夕食
	野球中継観戦		野球中継観戦
お風呂	お風呂	お風呂	お風呂
就寝	就寝	就寝	就寝
夜間トイレ	夜間トイレ	夜間トイレ	夜間トイレ

護用ベッド

これも大切な生活リハビリです

自分リハビリはとても大切です

カラオケ仲間は"心の友"ですね

野球のない冬場はどうしましょうか

ベッド脇にポータブルトイレがあればトイレに行かなくてもOKです。

要介護2

81歳の信一さん

私の一週間

午前のみの利用は男性の方に多い利用スタイルです。

	時刻	月	火	水	木
深夜	4:00				
		起床	起床	起床	起床
早朝	6:00	朝食	朝食	朝食	朝食
		自分リハビリ			自分リハビリ
午前	8:00		自分リハビリ	自分リハビリ	
		デイケア			デイケア
	10:00	↕	図書館	通院	↕
午後	12:00		昼食	昼食	
		昼食			昼食
	14:00				
	16:00				
		自分リハビリ	自分リハビリ	自分リハビリ	自分リハビリ
夜間	18:00				
		夕食	夕食	夕食	夕食
	20:00		野球中継観戦		野球中継観戦
		お風呂	お風呂	お風呂	お風呂
深夜	22:00	就寝	就寝	就寝	就寝
	24:00				
	2:00	夜間トイレ	夜間トイレ	夜間トイレ	夜間トイレ
	4:00				

深夜に起きてトイレに行くのは辛いですね。ぐっすり眠れる方法を考えましょう。

週単位以外のサービス	Cクリニック…毎週の通院
	福祉用具貸与…屋内4点杖、浴槽手すり、介

要介護3

波乱万丈な人生を語る「自伝」の執筆に勤しむ80歳の私

真矢さん（63歳）

●生活歴・性格・職業歴

私は長崎県H市の生まれ。貧しい漁師の家で祖父母、父・義母、長女の私と義母の連れ子の弟2人の合計7人家族。中学を卒業後、就職。定時制高校に進みました。

20歳でアクションスターに憧れ上京。テレビドラマにも数本出演しました。撮影中の事故で大けがを負い、3カ月入院。引退を余儀なくされました。

28歳で俳優仲間と結婚。1男2女を出産。夫は38歳のときにがんで他界。以来、新宿のおでん屋で家計を支えてきました。

性格は曲がったことが嫌い。子どもは厳しく育てました。長男は会社員、長女は独身、次女は主婦です。

●得意なコト・苦手なコト

・特技は、似顔絵を描くこと。

・実は料理は苦手です。

●生活習慣

・基本的に自由気ままな暮らしを送ってきました。

・夜の晩酌はやめられません。

●趣味・楽しみ・こだわり

・趣味は総合格闘技の観戦。

・一眼レフカメラで風景や友人のポートレートを撮影するのを楽しみにしています。

●疾患歴

・48歳で乳がんの手術。左胸を全摘。

・55歳で腰痛を発症。

・56歳で高血圧と診断。

・60歳のとき、店の常連客と海釣りに行き、岩場で転倒。10日間入院・治療しました。

要介護となった80歳の私

〈要介護3〉

真矢さん（80歳）

◎77歳で脳梗塞発症。1カ月程入院、老健に2カ月入所。リハビリ後自宅に戻る。

◎利き手側の麻痺が残り要支援1に認定。

◎字を書くことや箸を持つことも左手で行えるよう、自発的にリハビリに取り組む。

◎78歳のときに背柱管狭窄症が悪化し、要介護3と認定される。

しあわせ介護シミュレーション

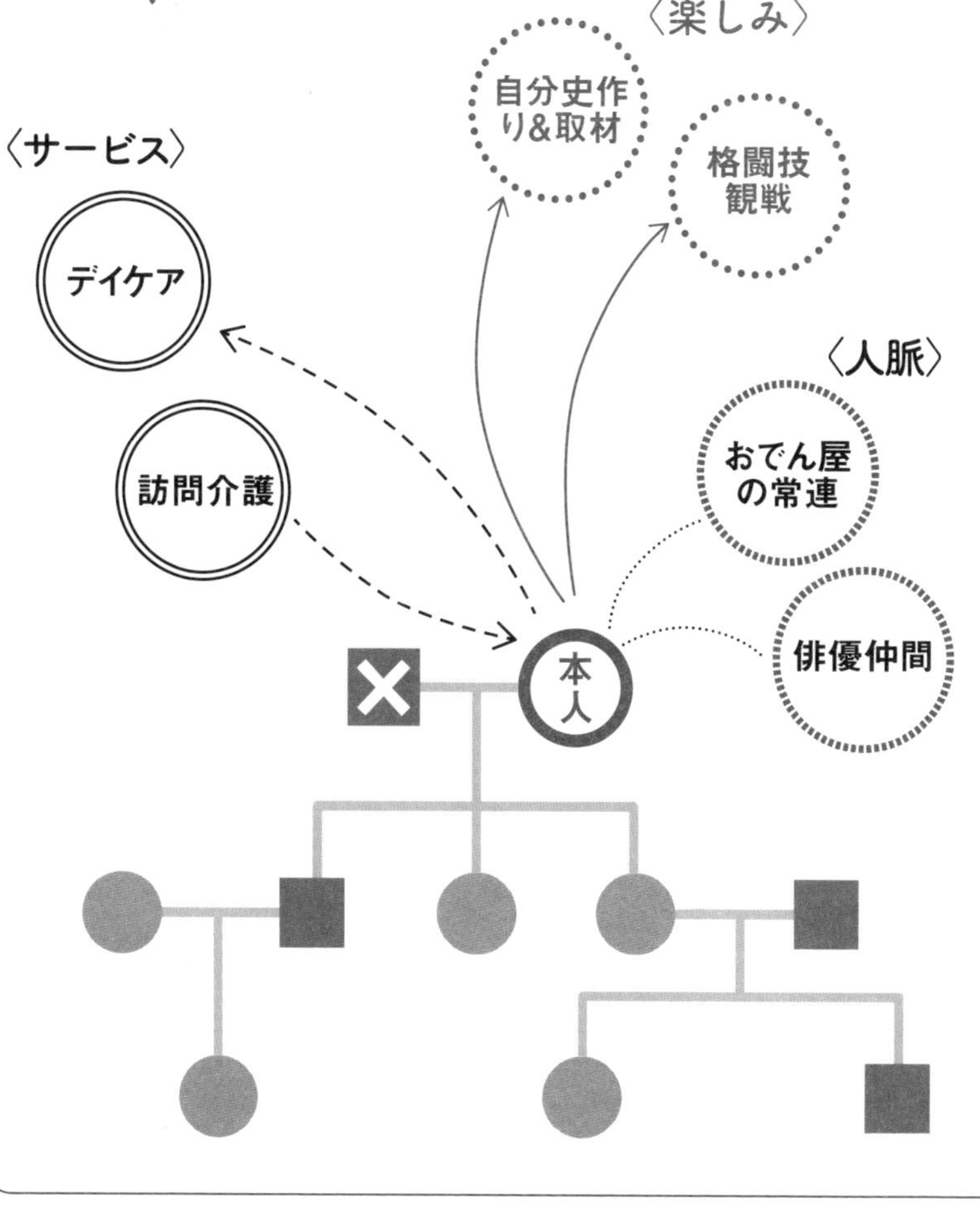

支援方針（居宅サービス計画1）

第1表

認定の有効期間　令和○年○月○日～令和○年○月○日

要介護3・要介護4・要介護5

発だけは注意したいので、高血圧のコントロールはしっかり

麻痺があるので、パソコンの音声入力などを使って自分の

まとめ、子どもや孫たちに伝えたいですね。要介護3になっ

たが、若い頃の俳優仲間たちと再会したいです。青春時代

店がある吉祥寺にも出かけたいです。

"やりたいこと"を具体的に書けています。
これならケアマネさんにもよく伝わります。

いえ、とても前向きな気持ちなのも、波乱万丈な人生を

思います。要介護3でも俳優仲間と再会して、自伝にまと

日々の暮らしが充実したものにできるように応援します。

にリングで観戦するのにも挑戦してみましょう。バリアフ

椅子でも可能です。なにより高血圧には体調管理が肝

従い体調コントロールしましょう。

障害、疾病等　3. その他（　　　　　　　　　　　　）

要介護3
80歳の真矢さん

私の願い・家族の願い・

認定日　令和○年○月○日

要介護状態区分	要介護1・要介護2・
利用者及び家族の生活に対する意向	本人(80歳):脳梗塞の再 とやりたいです。利き手に 波乱万丈の人生を自伝に て外に出ることは減りまし の思い出が詰まった喫茶
介護認定審査会の意見及びサービスの種類の指定	省略
総合的な援助の方針	真矢さんは要介護3とは 生きてこられたからだと めることで真矢さんの 格闘技が好きなら、実際 リーになっているので車 心です。主治医の指示に
生活援助中心型の算定理由	1. 一人暮らし　2. 家族等が

シート(居宅サービス計画2)

第2表

援助内容					
サービス内容	※1	サービス種別	※2	頻度	期間
①アルバムから年表を作る ②腕のリハビリを兼ねてパソコンを使って年表を作る	◎	①自分 ②デイケア	略	①随時 ②週３回	8カ月
①朝夕の朗読(20分) ②口腔ケアと滑舌のトレーニングを行う ③朗読を音声収録する	◎	①自分 ②③デイケア	略	①随時 ②③週3回	8カ月
①年賀状とフェイスブックで仲間の住所録を作る ②杖&車椅子での外出トレーニングと排泄トレーニングをする ③写真撮影訓練をする	◎	①自分、友人 ②③デイケア	略	①随時 ②③週3回	8カ月
①塩分少なめの食事を一緒に作る ②毎食の食事状況をチェックする	◎	①自分 訪問介護 ②訪問介護 長女・次女	略	①毎日 週５回 ②週５回 随時	6カ月
①通院して血圧のチェックを受ける ②体操と食事の状況を電話で確認する		①自分 医師 ②長女・次女		①週１回 ②随時	6カ月
①テレビの朝の体操を朝夕行う ②デイサービスで身体を動かすレクレーションをする ③入浴介助を受ける	◎	①自分 ②デイケア ③デイケア	略	①毎日 ②週3回 ③週3回	6カ月

これは作業療法士が一緒に行います。

これは言語聴覚士が一緒に行います。

これは理学療法士が一緒に行います。

いいいですね!

これは理学療法士が一緒に行います。

要介護3
80歳の真矢さん

私の暮らし・願い改善

生活全般の解決すべき課題(ニーズ)	目標			
	長期目標	期間	短期目標	期間
自分史を作って子どもや孫たちに私の人生を伝えたい	ボイスレコーダーかビデオカメラに自分史を収録する	8カ月	生まれてから今までの「年表」を作る	3カ月
			口腔ケアと話し方トレーニングではっきりと話せるようになる	3カ月
	俳優仲間たちと思い出の場所の記念写真集を作る	8カ月	かつての俳優仲間たちと思い出の場所で再会し、写真を撮る	5カ月
脳梗塞を再発させないために血圧などの体調管理に注意し、子どもたちに心配をかけない生活を続けられる	血圧などの数値が安定し、再発を防ぐ	6カ月	高血圧に配慮した食事を3食摂るようにする	3カ月
			主治医が示す血圧の数値に改善する	3カ月
	夜間に起きることなくぐっすりと8時間以上眠れ、1日元気に過ごせる	6カ月	入浴と運動を定期的に行う	3カ月

俳優仲間の皆さんに昔の写真を持参してもらいましょう。

ステキな取り組みです!

医療・健康面も盛り込めていて、とてもいいです

再発するたびに身体機能が低下するので注意しましょう

（居宅サービス計画3）

第3表

金	土	日	主な日常生活上の活動
起床・朝の体操	起床・朝の体操	起床・朝の体操	起床・朝の体操
朝食	朝食	朝食	朝食
	自分リハビリ	自分リハビリ	自分リハビリ
↑			
デイケア	訪問介護 ↑	↑	
↓	昼食 ↓		昼食
	↑	仲間取材（いずれ）	
	自伝執筆		
	↓	↓	
夕方の体操	夕方の体操	夕方の体操	夕方の体操＆シャワー（随時）
夕食	夕食	夕食	夕食
↕ ネット動画（お笑い）	↕ ネット動画（コンサート）	↕ テレビ	ネット動画
就寝	就寝	就寝	就寝
夜間トイレ	夜間トイレ	夜間トイレ	夜間トイレ

ベッド　住宅改修：玄関手すり、ハーフステップ、階段手すり

塩分少なめの料理をヘルパーさんと一緒に作りましょう。

連絡先がわかったらスマホでやりとりを始めるといいですね。

デイケアのない日はシャワーで汗を流すのですね。

ネット動画に詳しい真矢さん、サスがです!!

要介護3

80歳の真矢さん

私の一週間

	時刻	月	火	水	木
深夜	4:00				
早朝	6:00	起床・朝の体操	起床・朝の体操	起床・朝の体操	起床・朝の体操
		朝食	朝食	朝食	朝食
午前	8:00		自分リハビリ		自分リハビリ
	10:00	デイケア（9:00〜16:00）	通院	デイケア（9:00〜16:00）	訪問介護
午後	12:00		昼食		昼食
	14:00		訪問介護		自伝執筆
	16:00				
		夕方の体操	夕方の体操	夕方の体操	夕方の体操
夜間	18:00	夕食	夕食	夕食	夕食
	20:00	ネット動画（プロレス）	ネット動画（総合格闘技）	ネット動画（映画）	ネット動画（映画）
深夜	22:00	就寝	就寝	就寝	就寝
	24:00				
		夜間トイレ	夜間トイレ	夜間トイレ	夜間トイレ
	2:00				
	4:00				

ワクワクしますね！

ベッド脇にポータブルトイレがあると安心ですね。

週単位以外のサービス	Aクリニック…毎週の通院
	福祉用具貸与…歩行器、外出用車椅子、介護用

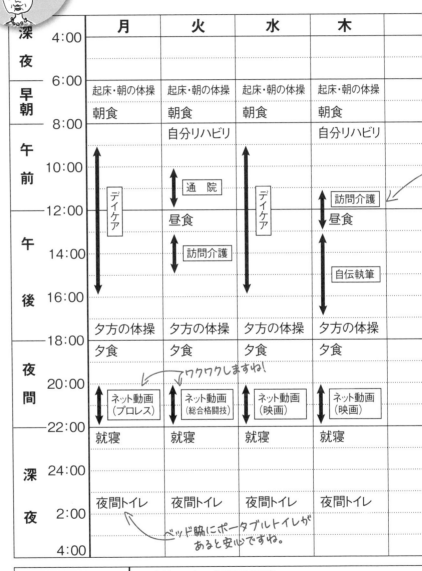

要介護 4

認知症でも新婚リバイバル旅行！夫婦仲良く過ごす85歳の私

富雄さん（65歳）

●生活歴・性格・職業歴

私は北海道S市出身。東京の理工系大学に進学した後、5年間は銀行勤めをしました。大学に戻り講師となり、40歳で教授になりました。

妻・節子は、5歳差で私が31歳のときに結婚。10年後、横浜市に一軒家を立て、娘2人、息子1人を育てました。

性格はマジメで頑固。本の虫で乱読派。集中力は抜群に高い方です。

妻はおっとりで大ざっぱ。どちらかというとお嬢様タイプ。結婚以来、専業主婦をしています。50歳のときに子宮筋腫で入院・手術。低血圧気味なのが心配です。

●得意なコト・苦手なコト

・テレビのクイズ番組の特に歴史モノに強いです。
・運動は苦手です。

●生活習慣

・朝7時に起床、夜22時に就寝しています。
・朝と夕方に30分ほど2匹の犬の散歩に出かけます。

●趣味・楽しみ・こだわり

・趣味は瓶の中で帆船を作るボトルシップと折り紙。手先が器用で、折り紙教室が開けるくらいの腕前です。

●疾患歴

・元々高血圧がちな家系で、両親とも脳卒中で倒れているため、自分も不安があります。
・53歳から痛風に悩まされています。
・62歳のときに右足のアキレス腱を断裂しました。

要介護となった85歳の私

〈要介護4〉

富雄さん（85歳）

◎80歳頃からもの忘れが進み、83歳のときに忘れ外来を受診。軽度認知障害（MCI）と診断される。
◎85歳のときにくも膜下出血で手術。1カ月の入院中に認知症がいっきに進む。
◎退院時に要介護4の認定となる。
◎下肢筋力の低下が進み、屋内の移動は妻の介助が必要。
◎尿失禁あり。夜はポータブルトイレを使用。

しあわせ介護シミュレーション

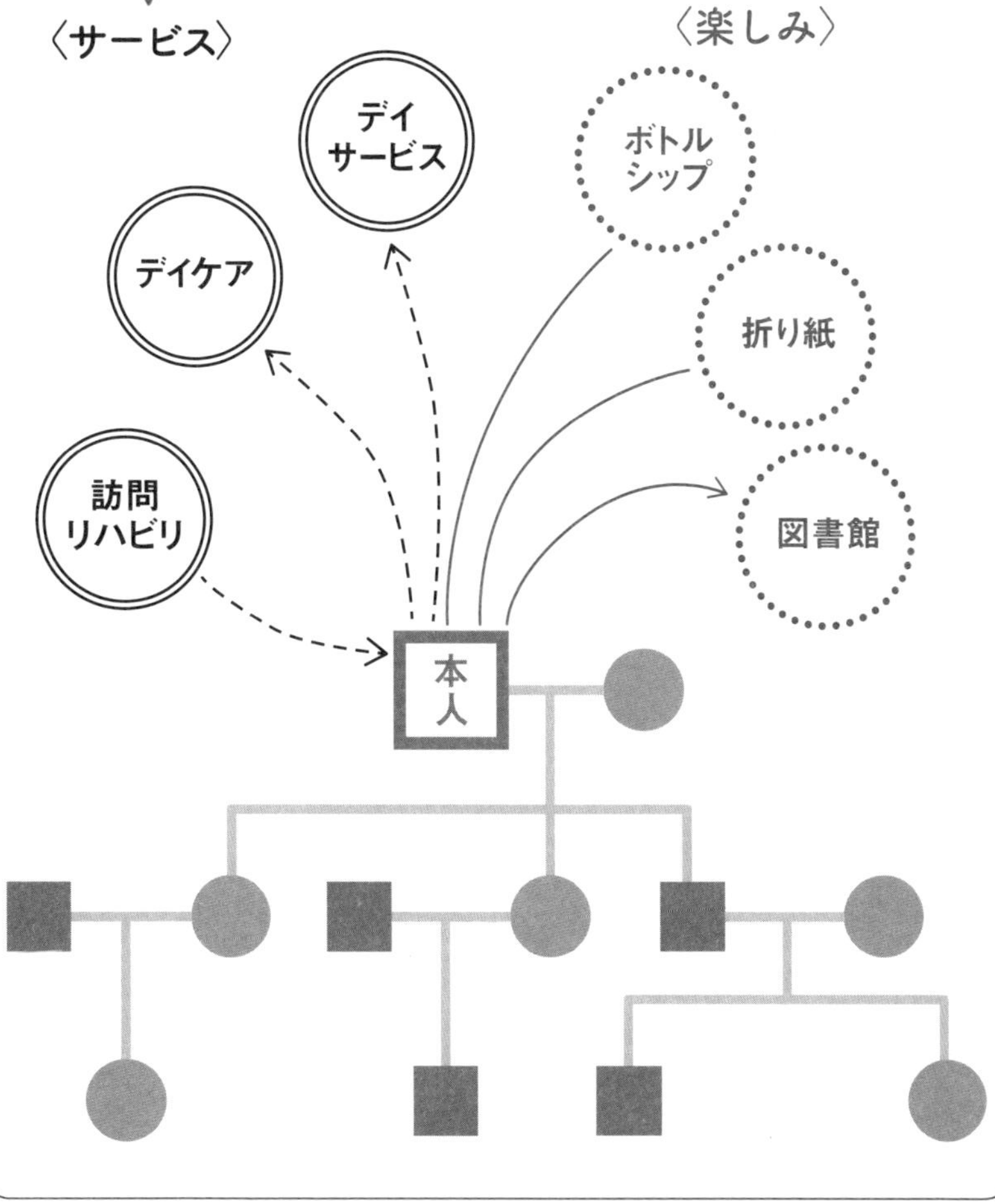

支援方針（居宅サービス計画1）

第1表

認定の有効期間　令和○年○月○日～令和○年○月○日

要介護3・要介護4・要介護5

出血で歩きづらくなってしまい残念です。もの忘れも進
4になって外出は難しいけど、近所を犬と車椅子で散歩
大丈夫なので趣味のボトルシップと折り紙は続けた
スで教えることもしてみたい。夢は妻の節子と新婚旅
一度行くことです。

人に教えることは
もの忘れ予防に効果的です！

ケアサービス付きの旅行パックも
増えてきています！

仲が良く、支え合って要介護4になっても住み慣れた自宅
されています。くも膜下出血で足が不自由になられた富雄
は体調管理をしっかり行いましょう。また日々の前向きな気
趣味のボトルシップと折り紙などはとても効果的です。SNS
りするだけでももの忘れ予防になり、モチベーションは向上
ハワイへの「新婚リバイバル旅行」実現のためにがんばり
婦をケアチームで応援します。

障害、疾病等　3. その他（　　　　　　　　　　　　）

要介護4

85歳の富雄さん

私の願い・家族の願い・

認定日　令和◯年◯月◯日

要介護状態区分	要介護1・要介護2・
利用者及び家族の生活に対する意向	本人(85歳):クモ膜下 んでしまいました。要介護 をしたい。上半身や腕は い。頼まれたらデイサービ 行で訪れたハワイにもう
介護認定審査会の意見及びサービスの種類の指定	省略
総合的な援助の方針	富雄さんご夫妻はとても で暮らし続けることを目指 さんの再発を防ぐために 持ちを維持する意味でも などでみなさんに発信した するでしょう。思い出の地・ ましょう。とても素敵なご夫
生活援助中心型の算定理由	1. 一人暮らし　2. 家族等が

シート（居宅サービス計画2）

第2表

男性用尿洩れパッドも慣れるととても便利です。

援助内容					
サービス内容	※1	サービス種別	※2	頻度	期間
①1日2Lの水分を摂り、水分補給メニューを増やす ②尿失禁トレーニングをし、尿洩れパッドに慣れる	◎	①自分 デイケア ②主治医	略	①随時 週1回 ②週1回	8カ月
①機内エクササイズを身につけるトレーニングをする	◎	①自分 デイケア	略	①週1回 週1回	8カ月
①折り紙による上肢のトレーニング ②デイサービスで折り紙指導をする	◎	①自分 ②自分 デイサービス	略	①随時 ②週1回	8カ月
①屋内での歩行器のトレーニングをする	◎	①自分 ②訪問リハビリ	略	①毎日 ②週2回	6カ月
①座ってできるダンベル体操を行う	◎	①自分 訪問リハビリ	略	①随時 週1回 ②週1回	6カ月
①歩行器を使って料理をする ②調理道具を使いこなせるようになる		①②自分・妻 デイケア		①随時 ②週1回	6カ月
①屋外で車椅子が扱えるようにトレーニングをする ②一人でベッドから車イスに乗り移るトレーニングをする ③減塩食で体調管理をする	◎	①自分 デイケア 訪問リハビリ ②自分・妻 ③自分・妻	略	①週3回 週1回 週1回 ②随時 ③毎日	6カ月

脳トレにも効果的です。先生役という役割は肯定感を生みます。

理学療法士が担当します。

要介護4

85歳の富雄さん

私の暮らし・願い改善

生活全般の解決すべき課題(ニーズ)	目標			
	長期目標	期間	短期目標	期間
長年連れ添った妻との時間を大切にしたい	思い出のハワイ新婚リバイバル旅行を夫婦で楽しみ、絶景ビーチで2人のフォトウェディングを撮影する	8カ月	脱水や尿失禁など水分コントロールができるようになる	6カ月
			エコノミークラス症候群にならない機内エクササイズを覚える	6カ月
	折り紙で作った花飾りのフラダンス・レイを作る	8カ月	折り紙でバラやカーネーションなどが折れるようになる	5カ月
孫たちに北海道の郷土料理をごちそうしたい	妻の介助なしで歩行器を使ってキッチンで料理ができるようになる	6カ月	歩行器を使いこなせるようになる	3カ月
			上半身及び両腕の筋力をアップする	3カ月
			友人と家族に料理をふるまう	3カ月
電動車椅子を使って妻と犬と一緒に外出できるようになりたい	血圧を安定させ、電動車椅子で買い物ができるようになる	6カ月	屋外で電動車椅子を使えるようになる	5カ月

絶景ビーチに立つお二人の姿がイメージできます。

ラブラブですね!

栄養士の指導を受けるとよいですね

(居宅サービス計画3)

第3表

金	土	日	主な日常生活上の活動
起床 朝食	起床 朝食	起床 朝食	起床 朝食
デイサービス(先生役)	折り紙	自由	
	昼食	昼食	昼食
	訪問リハビリ(運動療法)	自由	
エクササイズ	エクササイズ	エクササイズ	エクササイズ
夕食	夕食	夕食	夕食
読書・テレビ	お風呂 読書・テレビ	お風呂 読書・テレビ	お風呂(随時、清拭あり) 読書・テレビ
就寝	就寝	就寝	就寝

電動車椅子と歩行器のトレーニングは作業療法士さんに指導してもらいましょう。

夜間、尿意を感じたらベット上で自分で尿器を使うのもよいでしょう。

すり、介護用ベッド

要介護4

85歳の富雄さん

私の一週間

	時刻	月	火	水	木
深夜	4:00				
早朝	6:00	起床・エクササイズ	起床	起床	起床
		朝食	朝食	朝食	朝食
午前	8:00			デイケア（8:00〜12:00）	
	10:00	デイサービス（先生役）（9:00〜16:00）	通院（10:00〜12:00）		ボトルシップ（9:00〜12:00）
午後	12:00		昼食	昼食	昼食
	14:00		図書館（14:00〜17:00）	犬と散歩（14:00〜16:00）	ボトルシップ（13:00〜16:00）
	16:00				
		エクササイズ	エクササイズ	エクササイズ	エクササイズ
夜間	18:00	夕食	夕食	夕食	夕食
	20:00	読書・テレビ（19:00〜22:00）	お風呂→読書・テレビ（19:00〜22:00）	読書・テレビ（19:00〜22:00）	お風呂→読書・テレビ（19:00〜22:00）
	22:00	就寝	就寝	就寝	就寝
深夜	24:00				
	2:00				
	4:00				

役割があると前向きな気持ちになります。

展示会に出展するのもいいですね！

週単位以外のサービス	Aクリニック…毎週の通院
	福祉用具貸与…歩行器、外出用車いす、浴槽手

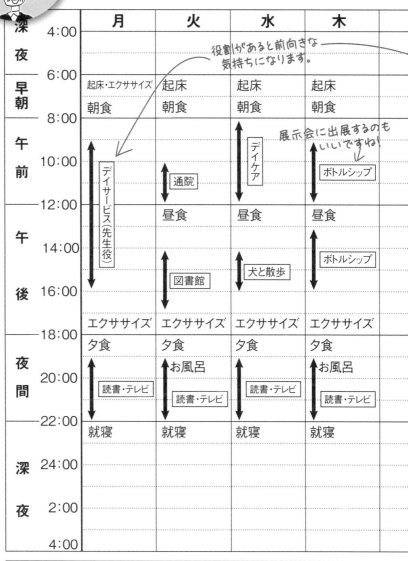

要介護5

PCフル活用で友活に英会話！寝たきりになってもエンジョイの80歳の私

和人さん（52歳）

●生活歴・性格・職業歴

私の出身は島根県I市。5人兄弟の末っ子で育ちました。兄たちは仕事で地元に残りましたが、私は高校卒業後に大手自動車会社の営業部門に就職しました。

私の性格は友だち付き合いが多く、好かれるタイプ。

妻・道子は大阪のお好み焼き屋の長女。私とはお見合いパーティーで知り合い、1年後に結婚。竹を割ったような性格で、はっきりとした言い方をしますが、面倒見はいいタイプ。

●得意なコト・苦手なコト

・私が得意なことは機械いじり。家電製品ならほぼ修理できます。パソコンとカラオケは得意です。
・道子はタコ焼きとお好み焼きは大得意。

●生活習慣

・早寝早起きが信条。
・道子の日課は、午後の犬の散歩。日中は地域のボランティアに忙しい。

●趣味・楽しみ・こだわり

・かつての私の休日は釣り三昧。50歳から麻雀も始めました。
・おいしいものが好きなグルメ派です。
・SNSで旧友とつながるのが楽しみ。

●疾患歴

・40代から高血圧。身長175cmで体重95kgの典型的肥満。父も私も糖尿病です。
・高校時代のラグビーで痛めた頸椎が50代から痺れ始めました。

要介護となった80歳の私

〈要介護5〉

和人さん（80歳）

◎肥満体で糖尿病が原因で、75歳で脳梗塞を発症し、要介護2となる。

◎その後、体調が安定するも、高血圧で78歳で脳梗塞を再発。入院時に大腸がんが発見され手術。体重が20kgほど落ちる。

◎退院時には寝たきりとなり要介護5となる。

しあわせ介護シミュレーション

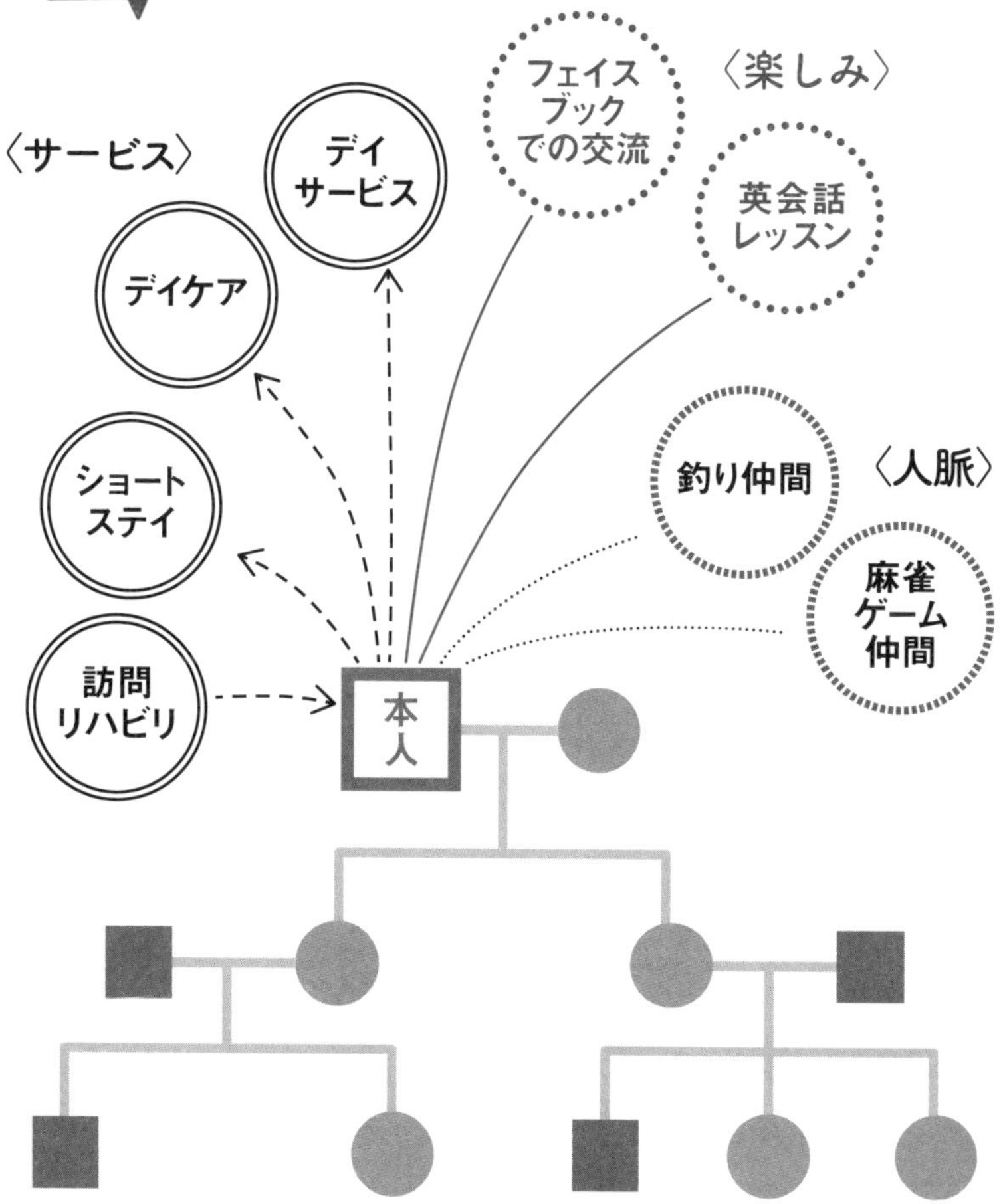

支援方針（居宅サービス計画1）

第1表

認定の有効期間　令和〇年〇月〇日～令和〇年〇月〇日

要介護3・要介護4・要介護5

家系で肥満体だったので、いつかはくるなとは思って
ましたが、グルメな私なのでおいしいものは食べていた
まったけど、リハビリのおかげで手先はなんとか動くよう
す。時間をかけながらSNSに投稿したりしてつながり
だまだ自分の可能性に挑戦してみたいです。

SNSなど、できることを
さがしているところがいいですね

活を前向きな気持ちで捉えられるかが分かれ目です。
「何かできることはないか」と考えることはとても大切で
やすくなり、SNSで初めての人ともつながりは広げられ
できます。動かしづらい左手になっても、作業療法士さ
んが協力できれば和人さんの望む介護生活は可能で
がかかりすぎないようにケアチームのみんなで協力して

障害、疾病等　3. その他（　　　　　　　　　　）

要介護5
80歳の和人さん

私の願い・家族の願い・

認定日　令和◯年◯月◯日

要介護状態区分	要介護1・要介護2・
利用者及び家族の生活に対する意向	本人（80歳）：糖尿病の いました。闘病中に痩せ い。寝たきりになってし になりパソコンも使えま は広げたいですねぇ。ま
介護認定審査会の意見及びサービスの種類の指定	省略
総合的な援助の方針	和人さんのように介護生 要介護の重度になっても す。いまはパソコンも使い るし、人の役に立つことも んやケアチームのみなさ す。妻の道子さんに負担 いきます。
生活援助中心型の算定理由	1. 一人暮らし　2. 家族等が

第4章
しあわせ介護の計画作り

シート（居宅サービス計画2）

第2表

①は作業療法士さん、②は言語聴覚士さんが協力してくれます。

援助内容					
サービス内容	※1	サービス種別	※2	頻度	期間
①左手で入力操作ができるように練習する ②音声入力ができるように練習をする	◎	①本人 訪問リハビリ ②本人	略	①随時 週1回 ②随時	12カ月
①毎日、時間を決めてパソコンを使う ②投稿やチャットをする		①本人 妻 ②子・孫 介護でない関わりもいいですね！		①毎日	12カ月
①ネット英会話スクールを検索して決める ②留学経験のある次女に先生役になってもらい教えてもらう SNSを使えば費用もかからないのでgoodアイディア！		①本人 ②次女		①随時 ②週1回	12カ月
①食べた後、口の中を歯ブラシで清潔にする		①本人 妻 訪問歯科を利用する方法もあります。		①毎日	6カ月
一日の摂取カロリーや塩分量などが表記されるといいですね。 ①バランスの取れたメニューで料理を作る 糖尿病の人向けの配食サービスもあります。		①妻 栄養士 メニューは管理栄養士のアドバイスをもらいましょう。		①随時	6カ月
①食事の前にお口の体操を5分間行う 口腔体操にはのみ込みも含まれます。		①本人 妻 歯科衛生士、言語聴覚士から指導してもらいましょう。		①随時	6カ月
①寝たきりでもできる排便体操をする 繊維質の多い食材も食べましょう ②便秘になったら下剤を飲む	◎	①本人 妻 訪問リハビリ ②薬剤師 主治医	略	①随時 ②随時	6カ月

要介護5
80歳の和人さん

私の暮らし・願い改善

生活全般の解決すべき課題(ニーズ)	目標			
	長期目標	期間	短期目標	期間
SNSでつながった人たちとコミュニケーションをとったり、麻雀ゲームなどを楽しむ	フェイスブックの友達を300人達成し、趣味のグループにも参加する	12カ月	パソコンの操作(手入力、音声入力)ができるようになる。	6カ月
			フェイスブックの情報発信と閲覧を毎日30分ずつする	6カ月
	SNSでつながった外国の人と英文でやりとりできるようになる	12カ月	YouTubeのネット英会話スクールで英文を学ぶ	6カ月
体調に無理のない範囲で、おいしい食事やおやつを食べ続けたい	2カ月に1回は孫たちや友人と一緒にファミレスや回転寿司で食事を楽しむ	6カ月	歯肉炎を改善し口の中を清潔に保つ	3カ月
			血糖値に配慮したおいしい食事メニューを食べる	3カ月
			しっかり食べるためのお口の体操をする	3カ月
	便秘気味なので便秘をしないようにする	6カ月	毎日、排便があるようにする。	3カ月

ICT技術の進歩はスゴイですね!

フェイスブックではいろんな人とやりとりでき、楽しみが広がりそうですね。

釣りのグループのバーチャルフィッシングも楽しいかも。

世界にネットワークが広がるとワクワクです

「栄養士さんの指導を受け」が入るといいですね。

便秘だとお腹が張ってしまい食欲は湧きませんね。

（居宅サービス計画3）

第3表

金	土	日	主な日常生活上の活動
起床・お口の体操 朝食	起床・お口の体操 朝食	起床・お口の体操 朝食	起床・お口の体操 朝食
メールチェック ↕ デイサービス	メールチェック ↕ 訪問リハ（排泄体操等）	メールチェック	メールチェック
↕ デイサービス	昼食 ↕ スカイプで趣味仲間とお喋りタイム	昼食 フリー	昼食 フリー
お口の体操 夕食 ↕ SNS、英語	お口の体操 夕食 ↕ 読書・テレビ	お口の体操 夕食 ↕ SNS、英語	お口の体操 夕食 ↕ 読書・テレビ&SNS、英語
就寝	就寝	就寝	就寝

×2回
体位変換器、車椅子

腸を動かす体操は大切ですね。

昼寝は昼夜逆転生活の原因に。自由に使える時間を楽しく過ごしましょう。

やる気満々ですね。体調と相談しながら無理せず取り組むのがコツです。

道子さんの介護疲れ解消にも定期的なショートステイ利用を検討してもいいでしょう。もちろんWi-Fi持参で！

「家族…子や孫とのSNSを使った会話」を記入しましょう！

要介護5

80歳の和人さん

私の一週間

	時刻	月	火	水	木
深夜	4:00				
早朝	6:00	起床・お口の体操	起床・お口の体操	起床・お口の体操	起床・お口の体操
		朝食	朝食	朝食	朝食
午前	8:00	メールチェック	メールチェック	メールチェック	メールチェック
	10:00	↕ デイケア	↕ SNS、英語	↕ デイサービス	↕ 訪問看護
午後	12:00		昼食		昼食
	14:00				マッサージ
			訪問診療		
	16:00	お口の体操	お口の体操	お口の体操	お口の体操
夜間	18:00	夕食	夕食	夕食	夕食
	20:00	↕ SNS、英語	↕ 読書・テレビ	↕ SNS、英語	↕ 読書・テレビ
	22:00	就寝	就寝	就寝	就寝
深夜	24:00				
	2:00				
	4:00				

週のはじめに通所リハビリは気持ちが前向きになっていいですね。

ノートパソコンを持参して他の利用者さんに腕前を見せるのもいいですね。

ベッドから車椅子に移るときに大活躍してくれます。道子さんの腰痛予防にもとっても効果的!

週単位以外のサービス	Aクリニック…訪問診療　ショートステイ…月3日
	福祉用具貸与…介護用ベッド、移動用リフト、

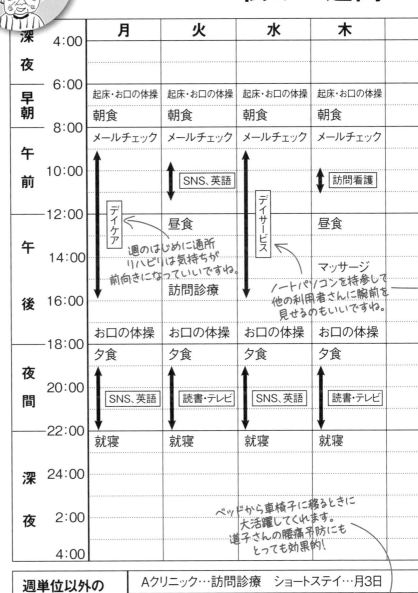

コラム

「要支援」で利用できる介護予防サービス

要支援と認定されると介護保険の「介護予防サービス」を利用することができます。介護予防サービスの目的は3つあります。

- 要介護状態になることをできるだけ遅らせる（先延ばしにする）
- 要支援の心身の状態の改善を図る
- できるだけ住みなれた地域（自宅）で暮らし続ける

具体的には、運動能力の低下の防止（体操、レクリエーション、リハビリなど）、食生活の見直しと栄養の改善、口腔機能の向上（噛む・のみ込む・話す訓練など）、社会参加への動機づけなどを図ります。

介護予防サービスは要介護と同じ11種類のサービスが利用できます（ただし、利用条件や内容は異なります）。

介護予防プランは地域包括支援センターか委託を受けた居宅介護支援事業所のケアマネジャーが作成し、各サービス事業所で個別サービス計画を作成しサービスの提供が始まります。

第5章

わたしらしい「身じまい」

最期をイメージしてみる

自分の命が終わること（死）は、あまり考えたくないかもしれません。しかし、残された家族に負担をかけないために、そして、もし一人になっても安心して最期まで過ごすために、準備しておくべきことがあります。

様々な手続きについて調べて決めたり、いざ書類を作成するのも、気力のいる作業です。元気に体が動き、頭が冴えている今のうちに取りかかりましょう。やり直しや変更があっても当たり前です。「とりあえず」の気持ちでスタートしましょう。

ただし、周りが何も知らないうちに自分一人の気持ちだけで進めてしまうと、後で家族が傷ついたり、もめる原因にもなりかねません。自分の気持ちについて話す機会を設け、理解を得ておくことが大切です。

この章では、「しあわせ介護計画」の次のステップとして、あなたらしい「身じまい」について考えてみましょう。

●延命治療は「意思表示」が必要

自力では生きられなくなった人に病院が施す「延命治療」には、人工呼吸器や人工栄養（胃ろう、経管栄養ともいいます）、人工透析などがあります。延命治療を望まない高齢者は、全体の91％にものぼります（「高齢社会白書」２０１７年）。無理に延命するより、穏やかに自然に逝きたいと望む人が多いことがわかります。

しかし事前にきちんと意思表示をしておかないと、自分の意思と反する治療を長期間施されてしまったり、延命の是非をめぐって家族がもめる可能性もあります。また、口頭の意思表示だけでは不安です。いざとなったときに家族はなかなか「治療をやめる」という決断ができません。たとえ決断できた後でも、後悔が残ってしまう場合があります。

まずは、自分がどのように人生を終えたいのかをシミュレーションしましょう。元気な今のうちに必要となる書類を作成して、意思表示をしておきましょう。いったん書いても考えが変われればまた書き直せばよいのですから。

延命治療の意思を表す書類を「事前指示書」といいます。一般的に、以下の３つがあります。

・**リビングウィル……**「終末期医療における事前指示書」といわれ一般財団法人日本尊厳死協会のものが有名です。本人が意思表示できない場合にのみ効力を発揮します。

・**DNR指示……**患者が蘇生処置拒否を主治医に伝え診療記録に記載しておくと、蘇生行為は行われません。ただし、これは心肺蘇生処置の拒否であり「治療拒否」でないため、必要な延命処置は行われることがあります。

・**医療判断代理委任状……**自分に判断能力がない、あるいは医療内容について判断できなくなった場合に、自分に変わって医療内容を判断する人を定めておく書類。ただし、患者の意思疎通が可能なうちは、患者の意思が優先されます。

リビングウィルと医療判断代理委任状は、両方準備しておくと安心です。ただし両方で方針が異なる場合もあります。そのときはどちらを優先するのか、決めておく必要があります。もちろん本人の意思が優先されるべきですが、最終的な決定は家族に委ねられます。自分の意思を理解してもらう機会をもっておくようにしましょう。

●最期をどこで迎えたいですか？

あなたは最期の数日間から数週間をどこで迎えたいですか？　かつては、自宅で息を引き取る（在宅死）のが一般的でした。今では医療機関で亡くなる方が多くなっています。ここ数年は「看取り」を行う介護施設も増えてきました。

在宅での看取りのメリットは、慣れ親しんだ住環境で家族や知り合いに囲まれて自由気ままに過ごせることです。

一方、施設での看取りもかつてより充実してきました。家族が泊まり込んでそばに付き添うことができるような配慮（食事や寝具の提供など）も一般的になってきました。亡くなった後の「エンゼルケア」（有料でのメイクや保清などの死後処置）も広く行われるようになっています。

介護施設に入所するときに、「具合が悪くなったら病院に移して積極的な治療をしてほしい」「回復の見込みがないのなら施設で看取ってほしい」など、希望を伝えておきましょう。

なお、「看取り」の意思はそのときの心情や事情によって変わることもあるので、施設側にその都度伝えるようにしましょう。

●葬儀の方針を決めておく

葬儀をとり行う際には、短い時間で決めなくてはならないことがたくさんあり、家族には一度に大きな負担がかかります。本人が次のようなことを生前に準備しておくことで、家族の負担を軽減することができます。

・**葬儀の種類を決める**……葬儀の種類には大きく分けて、家族や友人・知人など縁のある参列者がお見送りをする「一般葬」と、ごく近い親族や友人のみの「家族葬」があります。ここ数年は、費用をかけずに行う家族葬が増えてきています。そのほかに、通夜を省略する「一日葬」や、宗教的な儀式を全て省く「火葬式（直葬）」もあります。自分がどういう葬儀をしてもらいたいか、伝えておきましょう。

・**葬儀業者を決める**……できるなら生前に葬儀業者を決めておくと、家族が業者を探したり、見積もりを取るなどの手間がなくなります。

・**連絡してほしい人のリスト作り**……自分が亡くなったときに連絡してほしい人たちの名前と連絡先を一覧表にしておくと連絡がスムーズです。住所や電話番号、メールアドレスもわかるようにしておきます。

そのほか、葬儀のときに飾ってほしい花、流してほしい音楽、棺に入れてほしいものなどがあれば、リクエストしておくといいでしょう。

互助会(冠婚葬祭互助会)に入って積み立てをしているという人もいます。費用や葬儀業者を事前に決めておける、設備が整った斎場が多いなどメリットもあります。しかし追加料金が必要になって思った以上に費用がかかってしまう、葬儀サービスがパッケージ化されているので選択肢が少ない、解約しにくいなどデメリットもあります。

どのようなサービスを提供しているのか事前に把握して、納得のいく互助会や葬儀社を選びましょう。

●お墓にも「自分らしさ」を出してみる

自分の入る予定のお墓がすでにある場合は、家族に伝えておきます。お骨を埋葬するときには、墓地使用許可証(墓地契約の際に受け取ったお墓の権利書)が必要になるので、その保管場所も知らせておきましょう。

檀家になっているお寺がある場合は、亡くなったときに連絡する必要があります。連絡先やお布施の目安、付き合い方などを、エンディングノートなどに記しておくと役に立つでしょう。

お墓の場所が、家族が住んでいる場所から遠く管理が難しいなら、お墓を引っ越しさせる(改葬)という方法もあります。引っ越しには様々な手続きが必要で、古いお墓と新しいお墓がある場所の両方を行き来するので、数カ月から半年程度かかるのが一般的。新しいお墓を立てる費用や移転費用なども必要となります。早めに計画を立てましょう。

墓石で大切なのは「墓碑銘」です。「○○家之墓、○○家先祖代々之墓」や戒名、お経の一部などが一般的ですが、「故人への手向けの言葉」(例：○○、富士の裾野に眠る)、「故人の名言」(例：父なる海とともに)、一文字(例：喜、願、絆、花、昴、祈、道、心、夢、輝、愛)などを刻むケースも増えています。「自分らしさ」を込めたいなら、あらかじめ決めておくとよいでしょう。

墓石を建てる以外にも、次のような供養の仕方があります。生前購入が可能な場所もあるので、元気なうちに検討し、決めておくと安心でしょう。

・**納骨堂**……遺骨を納めるための建物のこと。マンション型やロッカー型、機械式など様々な種類があります。管理の手間がかからず、価格が安いなどの理由で人気が高まり、土地の足りない都心部を中心に増えています。

・**永代供養**……永代供養料を払えば、基本的にはその後は霊園・墓地の管理者に供養や管理をやってもらえます。一代のみのお墓となることが多く、子どものいない人などに人気。「33回忌まで」など期間が定められている場合が多く、それを過ぎるとほかの遺骨と一緒に合祀されます。

・**樹木葬**……永代供養の一種で、墓石の代わりに樹木を墓標とする埋葬方法のこと。自然に還ることができると人気です。

・**散骨**……粉状にした遺骨を撒くという供養の形。

・**手元供養**……遺骨を埋葬せず、自宅に置いたり、身に着けたりします。

お墓は、故人を偲ぶための場所というだけでなく、遺族にとって心安らげる場所です。家族にも相談して納得のいくお墓を選びましょう。

死後の始末を先取りしておく

●お気に入りの写真や動画を準備しておく

いざというときに「遺影に使えるいい写真がなかった」という声をよく聞きます。仕方なくピンボケ画像を使ったり、現役時代の写真を使うケースも見かけます。

そんなことにならないように、70代になったら納得ができる遺影を写真館で撮っておくという人が増えています。お気に入りのスーツやドレスを着て撮ったり、最愛のペットと一緒に写真に納まるという方もいます。

プロのカメラマンに撮影してもらうと、より自然できれいな表情を引き出してくれます。たくさんの写真の中から「納得いく1枚」を選ぶことができます。ヘアメイク、スタイリスト付きのスタジオもありますし、自宅に出張して撮影してくれるサービスを行っているスタジオもあります。

さらに準備しておくとよいのが、「自分史動画」「メッセージ動画」です。子どもや孫たちに伝えておきたい自分史やメッセージを動画で残すというアイディア。文章で書こうとすると気が重たいですが、動画だと軽い気持ちで取り組めます。話だけでなくアルバムや言葉を書いたフリップなどを入れると、より内容の凝ったものができます。収録は手作りで撮影するのもよし、プロのカメラマンに依頼するのもよいでしょう。これらの動画を葬儀のときに活用することもできます。

●デジタル遺産の整理

これから大いに処理に困ってしまうのが「デジタル遺産」です。デジタル遺産（デジタル遺品）とは、パソコンやスマホ内の写真、ツイッター、フェイスブック、インスタグラム、アップしたYouTube動画などのインターネット上の財産のことです。処理したくても、亡くなった人が使用していたIDやパスワードがわからないため、遺族はどのような遺産があるのか確認できず困るというケースが多発しています。

デジタル遺産には、以下のようなものがあります。

・写真・動画

・個人情報（友人のメールアドレス、連絡先など）
・メールの履歴
・ネットバンクの口座パスワード
・ネット証券やＦＸ口座の金融取引
・ＳＮＳ、ブログなどの記録と画像、動画
・有料サイトの会員サービス（アマゾンプライム、ネットフリックス、メールマガジンなど）
・ゲームのアカウント

ネットバンクの口座に資産があった場合は、残ったまま年月が経過してしまうと、発見されたときにまた相続をし直さなければいけません。

有料会員サービスなどは、退会の手続きをしないと会費を払い続けることになります。ブログなどを長い間放置しておくと、アカウントが乗っ取られたり、不正に利用される場合もあります。

ユーザー名やパスワードを調べてくれたり、解除してくれる業者も出てきていますが、かなりの費用がかかります。

デジタル遺産整理として、「ユーザーＩＤ・パスワードリスト」を作っておくことです。リストは、データではなく紙で保存するのがおすすめです。

これらは家族に渡しておくのもいいですが、生前に知られたくない取引やサイト、データがある場合は閲覧できない場所に保管し、「私が亡くなったらここを見て」と、家族の誰かに伝えておくといいでしょう。

「ＳＮＳで亡くなったことを告知してほしい」などの希望があれば、リストにその旨も書いておきます。ＳＮＳによっては、追悼アカウントの申請をすれば追悼画面を出すこともできます。

【リストの内容例】

・スマホ、パソコンのロック解除のパスワード
・ネットバンク、ネット証券のＩＤ・パスワード、口座番号
・カード決済会社（ペイパル、アマゾンペイなど）
・電子マネー（Ｓｕｉｃａ、スタバなど）
・月会費を払っているもの（アマゾン、有料会員メルマガなど）
・航空会社のマイル
・ＳＮＳアカウントのＩＤ・パスワード　など

●飼い主亡き後のペットの世話

ペットを飼っている人の心配のタネは、自分の亡き後、残されたペットがどうなるのかということでしょう。引き取り手がいなくて殺処分されたりすることのないように、あらかじめ考えておきましょう。

ペットに遺産を遺すことはできませんが、ペットを引き取ってお世話をしてくれる人を頼んでおいて、その人に遺産の一部を遺すことは可能です。これを「負担付遺贈」といいます。後でトラブルとならないように、家族にも理解してもらっておくことが大切です。

最近では、「ペット信託」という方法を利用する人もいます。ペット信託では、飼い主が生きている間に、ペットに必要な経費を相続財産から確保しておきます。信頼できる友人や家族に「管理者」になってもらい、契約を結ぶというもの。

前もって預けたお金が確実にペットに使われ、自分が指定した人がちゃんとペットに遺産を使っているか、第三者に監督してもらえるので安心です。

高齢になってからペットを飼おうとしている人は、生き物でないＡＩ搭載のペット型ロボットを飼うのも選択肢の一つかもしれません。

●遺言書を書いておく

亡くなった後の財産分与は、民法で決まってはいますが、実際は家族によって様々な事情があり、民法の規定どおりの分け方だともめる可能性は十分にあります。

誰にどの財産をどれだけ相続させたいのか、遺言書の形でちゃんと残しておくことが大切です。自分の希望を記しておけば希望どおりに財産を渡せて、トラブルを回避することにもつながります。

遺言書には、次の3つの種類があります。

・**自筆証書遺言**……自分で書くのでお金がかからず、自由に変更できます。最も手軽な方法ですが、形式を守って書かないと無効になる場合もあるので、書く際には弁護士や司法書士に相談をしましょう。また、保管の状態が良くないと、紛失したり改ざんされる心配もあります。2020年7月10日に施行される「法務局における遺言書の保管等に関する法律」によって、法務局で保管してもらえるようになりました。

・**公正証書遺言**……公証人によって作成され、原本は公証役場で保管されます。もっとも確実な方法ですが、相続人の数や財産が多いほど、手数料も高くなります。

・**秘密証書遺言**……自分で作成した遺言書を公証役場に持っていき、遺言書の存在を公証人に証明してもらいます。しかし保管は自分で行うので、紛失などの心配はあります。

遺言書を書くためには、全ての財産を把握しておくことが大切です。遺言書に書いていない財産は、いったん相続人の共有財産になり、分割協議が必要になります。

また、もし配偶者や子どもなどの法定相続人以外の人に「全財産を相続させる」というような遺言書を遺した場合でも、法定相続人は、受け取る権利がある分（遺留分）を請求する権利があります。この遺留分をめぐってもめるケースが多いので、作成は慎重にしましょう。あらかじめ家族に話して納得してもらえると安心です。

ちなみに、遺言書で法的な拘束力を持つのは相続部分だけ。葬儀や埋葬方法の希望は、あくまでも「お願い」ということになります。

今はスマホでも動画を簡単に撮ることができるので、「遺言を動画で残そう」と考える人もいるかもしれませんが、動画や録音による遺言には法的な効力はありません。

ただし、相続のこと以外に言い残しておきたいことや感謝の言葉を動画で残しておくのは、気持ちが伝わるいい方法です。

なお、相続に関しては、2018年7月に40年ぶりともいわれる大きな改正があったので、押さえておきましょう。その中の一つが、「配偶者居住権」の創設をはじめとする、残された配偶者を優遇する措置です。

配偶者居住権は、残された配偶者に、それまでに住んでいた不動産の居住権が与えられるというものです。たとえば、夫が先に死亡した場合、妻に居住権が与えられます。ほかの相続人に反対されたとしても、今までの住居に住み続けることができるようになったのです。また婚姻期間が20年以上なら、配偶者に家を生前贈与したり、遺産として相続させる意思表示をしておくなら住居を遺産分割の対象から外すという優遇措置もあります。

配偶者が他界して家しか財産がない「おひとりさま」でも、安心して住み続けることができます。

●「負の遺産」は残さないのが「筋」

遺産には、プラスの遺産だけでなく「負(マイナス)の遺産」もあります。金融機関からの借り入れや、住宅や車のローン、クレジットカードの未払い分などのような「借り入れ＝借金」です。

遺産を相続するかどうかは、相続人が自由に決められます。相続放棄すれば、借金を背負わずに済みますが、同時にプラスの財産の相続も放棄することになります。また相続放棄すると、次の順位の親族が繰り上がりで相続人になるので、相続人同士でトラブルになる可能性もあります。

借金はプラスの財産で払える範囲のみ返済する「限定承認」という方法もありますが、手続きが煩雑なので、実質上はあまり使われていません。

借金という負の遺産は、残さないのが一番です。一日も早く返済をすること、どこからいくら借りているのか、家族にきちんと伝えておくことが大切です。

また、使う予定のない土地や家屋も、マイナス遺産になり得ます。売れない場合は、所有しているだけで毎年固定資産税がかかります。

２０１５年５月に試行された「空き家対策特別措置法」では、放置したままにしていると、固定資産税が大幅に増額されることになりました。

最近では、周辺の住民に悪影響を及ぼす「放置空き家」も問題になっています。強制執行で空き家の取り壊しが行われると、かかった費用が請求される場合もあります。

自分の死後に、所有している家や土地をどうするのか、あらかじめ話し合って決めておきましょう。すでに使っていない土地や家屋は早めに売却するなどの対策をとります。

●好きな音楽またはジャンル

(　　　　)

●好きな歌手・芸能人

(　　　　)

●好きな映画またはジャンル

(　　　　)

●好きな色や柄・嫌いな色や柄

(　　　　)

●好きなファッション・嫌いなファッション

(　　　　)

●気分が落ち着く香りや好きな香水

(　　　　)

●愛用している日用品(化粧品、入浴剤、シャンプー、コンディショナーなど)

(　　　　)

Memo

のマイケアノート

記入日　　　　　　年　　月　　日 ／ 更新日　　　　　　年　　月　　日

●生活の中で一番大切にしていること

(　　　　　　　　　　　　　　　　　　　　　　　　　　)

●自分の性格や日常生活の癖・こだわり

(　　　　　　　　　　　　　　　　　　　　　　　　　　)

●生活習慣（食事や入浴などのルーティン）**上の決まりごと**

(　　　　　　　　　　　　　　　　　　　　　　　　　　)

●1年の中で楽しみにしている行事やイベント

(　　　　　　　　　　　　　　　　　　　　　　　　　　)

●好きな食べ物・嫌いな食べ物（食材、料理方法、味付け、盛り付け方など）

(　　　　　　　　　　　　　　　　　　　　　　　　　　)

●なじみのお店・ひいきのお店

(　　　　　　　　　　　　　　　　　　　　　　　　　　)

●好きなテレビ番組またはジャンル

(　　　　　　　　　　　　　　　　　　　　　　　　　　)

おわりに

みなさんは本書を読まれてどのような感想を持たれましたか？　書名の「子どもに頼らない」には、「自分の要介護生活を人任せにしないでほしい」という願いを込めています。

欧米では「アドバンス・ケア・プランニング」といって、「人生の最終段階の医療やケアの方針を、本人が家族等や医療・ケアチームと事前に繰り返し話し合う」ことが当たり前になっています。本人を中心とした医療やケアが基本となっているのです。欧米のように、「あなたの人生の主役は、あくまで『あなた』」という考え方が、日本でも定着してほしいと思っています。

「あなたにとっての幸せ」はあなたにしかわかりません。どんなことに心地よくなり、夢中になるのか。誰とどんな話題でおしゃべりしたくなるのか。それはあなたにしかわかりません。認知症になればなおさらでしょう。

かつては要介護になると自信をなくし、人生をあきらめてしまう人が多かったように思います。しかし、今は介護生活をサポートするサービスやインフラがたくさん整っています。これからも進化し続けるでしょう。

さあ、前向きな姿勢で「しあわせ介護計画」の準備を始めてみましょう。セルフケアプランやマイケアノート作りも、少しずつチャレンジしてみてください。将来のあなたの介護生活を支えてくれることでしょう。ケアマネジャーや医療・ケアチームへ「私の取り扱い説明書」として示すこともできます。

本書の特長の一つとして5人の要介護度別のセルフケアプランを盛り込みました。作成にあたり、奥田亜由子さん（ふくしの人づくり研究所所長）にケアプランアドバイザーとしてお手伝いいただきました。おかげでとてもわかりやすい第4章となりました。また本書の制作にあたり、企画段階からWAVE出版の編集者・堂坂美帆さんとライターの臼井美伸さんには大変力になっていただきました。心から感謝を申し上げます。

本書がみなさまとケアマネジャーやケアチームとの「架け橋」となることを心から願っています。

2020年4月吉日　高室成幸

[著者] **高室 成幸**(たかむろ しげゆき)

ケアタウン総合研究所 代表

日本福祉大学社会福祉学部卒。ケアマネジャーを対象にした講演や、地域包括支援センターや社会福祉協議会、福祉施設の職員を対象にした研修講師およびコンサルタントとして、全国で幅広く活躍する。これまでの受講者は延べ23万人。

ケアマネジャー向けの専門書として『新・ケアマネジメントの仕事術』(中央法規出版)など多数執筆している。一般向けには『最新介護保険の基本と仕組みがよ〜くわかる本』(秀和システム)、『もう限界!! 施設介護を考えるときに読む本』、『もう限界! 認知症の家族を介護するときに読む本』(ともに自由国民社)などの著書・監修書がある。業界紙誌や一般誌、Webニュースにも寄稿する。

ケアタウン総合研究所公式サイト　http://caretown.com

[ケアプラン監修] **奥田亜由子**(おくだ あゆこ)

ふくしの人づくり研究所 所長 ケアプランアドバイザー

日本福祉大学社会福祉学部 非常勤講師

兵庫県姫路市出身。日本福祉大学社会福祉学部卒。日本ケアマネジメント学会理事、愛知県介護支援専門員協会理事。ケアマネジャーの実務研修・更新研修・主任介護支援専門員研修などの指導者としても活躍している。

主な著書に『ケアマネジメントの実務—Q&Aと事例—』(共著:新日本法規出版)、『地域包括ケア時代の施設ケアプラン記載事例集〜チームケア実践〜』(共著:日総研出版)などがある。

協力……濱本大樹(P112、113イラスト)

子どもに頼らない しあわせ介護計画

人生100年時代の自分らしい「老後準備」

2020年5月8日　第1版第1刷発行

著　者　高室　成幸

発行所　WAVE出版

〒102-0074　東京都千代田区九段南3-9-12

TEL03-3261-3713　FAX03-3261-3823

振替　00100-7-366376

Email:info@wave-publishers.co.jp

https://www.wave-publishers.co.jp/

印刷・製本　萩原印刷

NDC 367 191P 21cm ISBN978-4-86621-264-7